행복의
심리학

행복의
심리학

당신의 미소 뒤에 작동하는 심리 법칙

대니얼 네틀 지음

김상우 옮김

행복의 심리학

초판 발행 2006년 9월 15일 개정2판 발행 2019년 3월 10일
지은이 대니얼 네틀 옮긴이 김상우 펴낸곳 와이즈북 펴낸이 심순영
등록 2003년 11월 7일 (제313-2003-383호)
주소 03958 서울시 망원로19, 501호(망원동, 참존APT)
전화 3143-4834 팩스 3143-4830 이메일 cllio@hanmail.net
ISBN 979-11-86993-06-4 03180

ⓒ 와이즈북, 2019

*이 도서의 국립중앙도서관 출판시도서목록(CIP)은 e-CIP 홈페이지(http://www.nl.
go.kr/ecip)와 국가자료공동목록시스템(http://www.nl.go.kr/kolisnet)에서 이용하실
수 있습니다.(CIP제어번호: CIP2019005850)

내 안의 행복 DNA를 찾아서

토머스 제퍼슨은 1776년 미국 독립선언문에 다음과 같이 썼다. "모든 인간은 평등하게 태어났고 조물주로부터 양도할 수 없는 권리를 부여받았으며, 그런 권리 중에는 생명권, 자유권, 그리고 행복추구권이 있다."

위의 세 가지 권리 중 우리 삶의 가장 큰 목적은 '행복'이라고 할 수 있다. 생명권과 자유권의 경우, 어떤 지침 없이는 그 권리로 과연 무엇을 해야 할지 결코 알 수 없다. 제퍼슨의 생명권과 자유권은 말을 깨우고 마구간 문을 열어줄 수는 있지만, 어디론가 그 말을 가도록 하는 것은 결국 행복추구권뿐이다.

행복이 인간의 삶에서 가장 중요하다는 생각은 고대로 거슬러 올라간다. 그리스 철학자 아리스티푸스는 기원전 4세기에 이미 "인간의 삶의 목표는 총체적인 쾌락을 극대화하는 것"이라고 주장한 바 있다. 보기보다 논쟁의 여지가 많지만, 이것이 사실이라면 행복은 심리학에서 가장 중요한 개념이며 인간이 풀어야 할 개인적인 문제 중 가장 우선임에 분명하다. 게다가 행복은 정치 및 경제적 결정의 중심에 있다. 행복을 극대화하는 것이 각 개인적 삶의 중심과제라면, 정부시스템과 경제의 중심과제는 전체 개인들의 총체적인 행복을 극대화하는 것이 되어야 한다. 이러한 입장은 순수한 공리주의가 표방하는 노선인데, 공리주의는 윤리철학자인 제러미 벤담에 의해 유명해졌지만, 그보다 앞서 "최대다수의 최대행복을 제공해주는 행동이 최선의 행동"이라고 주장한 프랜시스 허치슨의 사상에서 이미 그 단초가 제공된 바 있다.

이런 공리주의는 지속적인 호소력을 지닌다. 히말라야 부탄 왕국은 최근 부탄의 공공정책 목표는 국민총생산이 아니라 국민총행복GNH: Gross National Happiness을 증가시키는 것이라고 선언했다. 부탄 국민들은 복 받은 사람들임에 틀림없다. 행복한 사람은 불행한 사람보다 더 오래 살고 병에 덜 걸린다. 그리고 국가 간, 부자와 가난한 사람들 간, 그리고 기혼자와 독신자 간에는 행복에 있어서 영속적인 차이가 존재한다. 그런데, 시대를 앞선 것으로 보이지만 부탄의 국민총행복 증진전략에 대해서는 즉각 몇 가지 의문이 생긴다. 과연 공공정책에 의해 사람들이 실제 행복해질 수 있을까? 과연 행복이란 것이 특정한 수단과 방법에 의해 변할 수 있는 것인가? 만약 그렇다면, 어떻게 변할 수 있을까? 그리고 국민총행복이란 것을 어떻게 측정해야 할까?

초기 공리주의자들은 '최대다수의 최대행복'이라는 자신들의 프로그램을 실행하기 위해서는 행복을 측정할 수 있는 행복계량기가 필요하다는 것을 깨달았다. 물론 그런 기계는 존재하지 않는다. 그런데 우리는 사람들에게 얼마나 행복한지는 물어볼 수 있다. 뒤에 보겠지만, 이렇게 물어보는 것은 아주 의미 있는 방법이다. 그러나 행복은 다양한 의미를 지닌다. '밥Bob을 만나 행복했다'라는 문장에서의 행복은 '정부의 외교정책으로 행복하다'라는 문장에서의 행복과는 그 의미가 다르다. 따라서 사람들이 자신의 행복에 대해 스스로 내리는 평가를 공공생활의 시금석으로 이용하려면 우리는 행복에 대한 사람들의 생각과 느낌에 대해, 그리고 행복한 감정이 삶의 질과 어떤 관련이 있는지에 대해 경험적인 연구를 할 필요가 있다. 바로 이것이 지난 몇십 년 동안 심리학자들이 시도했던 연구이며, 그 연구결과들을 이 책에서 살펴볼 것이다.

첫 장 〈빵과 서커스〉에서 우리는 사람들이 기본적으로 행복한지 불행한지를 알아보고 왜 행, 불행을 느끼는지, 그리고 사람들이 끊임없이 행복을 추구하는 이유도 함께 살펴볼 것이다.

두 번째 장 〈안락함과 기쁨〉에서는 '행복이란 정확히 무엇인가?' '행복을 측정할 수 있는가?'에 대한 의문을 풀기 위해, 먼저 행복의 개념을 살펴보고 행복의 의미를 분석해볼 것이다. 어떤 행복은 다른 행복보다 측정하기 쉽고 어떤 행복은 그렇지 않다. 어떤 것이 더 가치 있는가? 이를 밝혀내는 심리학자들의 행복 관련 연구를 살펴보고, 행복이라는 다소 혼란스러운 개념과 행복 추구 심리에 대해 과학적으로 접근해본다.

과연 무엇이 우리를 행복하게 만들까? 세 번째 장 〈사랑과 일〉에서는 프로이트의 주장처럼 '사랑'과 '일'이 진정 행복의 원천이 될 수 있는지 살펴본다. 예건대 GNP, 소득, 결혼, 건강 등 우리를 둘러싼 삶의 조건들이 행복에 어떤 영향을 미치는지 알아본다. 이 과정에서 행복에 대한 우리의 잘못된 믿음과 맹목적인 생각들을 발견하게 된다. 쾌락 쳇바퀴, 적응현상, 기득효과 등의 생생한 사례를 통해 행복의 실체에 한발 접근해간다.

〈근심맨과 열정맨〉에서는 왜 어떤 사람은 다른 사람보다 행복해 보이는가 하는 문제, 그에게 좋은 일이 있어서 행복한가, 아니면 그가 행복해서 좋은 일이 생긴 것인가 하는 문제를 살펴본다. 이를 위해 신경과민과 외향성, 상냥함과 양심성 등 각 개인의 기질과 성향이 행복에 미치는 영향을 각종 연구조사 자료를 통해 살펴보는데, 여기서 행복은 적어도 우리가 처한 환경에 의해 결정되는 것만큼이나 자기 자신의 태도나 생각에 의해 좌우된다는 결정적인 증거들을 발견하게 될 것이다.

〈원하는 것과 좋아하는 것〉에서는 뇌 기능이 행복을 직접 통제한다는 사실을 밝혀낸다. 행복감은 수백만 년에 걸친 진화과정에서 형성된 신경회로의 작용 결과다. 이 책에서 여러 쥐 실험을 통해 증명하곤 있지만, 인간의 경우에도 긍정적인 감정과 부정적인 감정은 모두 현재 처한 상황, 위협, 그리고 환경에 반응하는, 개별적이며 특정 목적을 가진 신경회로의 작용이다. 뇌에서 쾌락과 만족감을 컨트롤하는 시스템은 욕망을 컨트롤하는 시스템과는 다르다. 욕망과 만족이 다르다는 것은 행복의 실체를 규명하는 데 있어 매우 중요한 교훈이다. 우리는 흔히 욕망을 충족시킴으로써 행복을 얻을 수 있을 거라고 생각하지만, 욕망과 만족이 별개임을 증명하는 뇌 실험이 말해주듯, 그것은 비현실적인 상상일 뿐이다. 우리는 또한 뇌 화학물질인 세로토닌 수립에 관여하는 행복유전자 '5HTT'에 대해 알아보면서 행복과 유전자의 관련성을 살펴볼 것이다.

〈만병통치약과 플라시보 효과〉에서는 행복이 계획적으로 조작될 수 있는지, 오늘날 우리가 행복을 얻기 위해 사용하는 다양한 자기수양법들이 과연 어떤 효용이 있는지 살펴본다. 범람하는 자기수양서와 각종 우울증 치료제, 인식—행동치료법과 행복훈련 프로그램 등 행복을 증대시켜 준다고 하는 것들이 실지로 어떤 효과를 만들어낼 수 있는지 알아본다.

〈진정한 삶을 위한 행복 설계〉에서는 종종 역설적인 행복의 심리에 대해 우리가 밝혀낸 것들을 간략히 정리하고, 우리는 왜 지금과 같은 인간이 되었는지를 살펴볼 것이다. 우리는 행복하거나 불행해지도록 만들어진 존재라기보다는 진화과정을 통해 수립된 목표를 위해 노력하도록 만들어진 존재다. 이 과정에서 행복은 실질적인 보상으로 우리에게 주어지는 것이라기보다는 우리에게 방향과 목적을 제공해주는 가상의 목표로 기능하면서 진화의 목적을 보완하는 역할을 한다. 그 목표에 결코 더 가까이 다가갈 수 없을지는 모르지만, 또 그럴 필요도 없을 것이다. 결국 제퍼슨이 말한 기본권은 행복권이 아니라 행복추구권인 것이다. 아무것도, 심지어는 유토피아조차도 행복을 가져다줄 수 없다. 가장 좋은 사회란 단지 모든 사람이 행복을 잘 추구할 수 있는 여건을 제공해주는 사회다. 그리고 제대로 살펴보면, 그것만으로도 충분하다.

이 책은 미래의 행복에 대한 전망으로 끝을 맺을 것이다. 최소한 선진사회에 살고 있는 우리는 과거 어느 때보다 부유하고 건강하며 자유롭다. 그래서 더 행복해질 것이라고 기대하는 것은 분명 여러 이유들 때문에 비현실적이다. 오히려 불행이 증가하고 있는데, 우리는 그 이유를 살펴볼 것이다.

행복과 관련된 문제는 그 개념을 어떻게 적절히 정의하느냐 하는 문제이다. 만약 행복의 개념을 어떤 형태의 감정이나 심리상태로 협의로 규정한다면, 원칙적으로 우리는 행복을 객관적으로 측정할 수 있다. 그러나 그렇게 하면 행복은 너무 하찮은 것이 되어서 모든 공공생활과 사적 결정의 기초로 기능하지 못한다. 반면, 우리가 행복을 '좋은 삶의 요소'와 같이 광의로 규정하면, 그 개념이 너무 광범위해서 논점을 회피하게 되며 유용한 국가통계로 측정할 수 없다. 그러나 우리는 행복이라고 불리는, 하나의 의미 있는 그 무엇, 추구할 수 있을 정도로 충분히 구체적이지만 또한 추구할 가치가 있을 정도로 충분히 광범위한 그 무엇이 있다고 직관적으로 느낀다. 이와 같이 익숙하고, 모호하며, 역설적인 욕망의 대상, 즉 행복의 추구가 바로 이 책의 주제다.

사회학자들에게 행복이란 개념은 다소간 신기루와 같은 것이다. 매력적인 연구주제로 학문의 지평에서 희미하게 빛나고 있지만, 거의 잡을 듯 가까이 다가가면 살짝 빠져나가 버리고 만다. 뒤에 보겠지만, 이런 신기루와 같은 성격 때문에 행복은 정말 행복다운 것이 된다.

대니얼 네틀

행복에 닿을 방법을 과학에 묻다

최근 하버드 대학교에서 '행복론' 강좌를 개설해 운영하기 시작했으며, BBC에서는 행복에 관한 특집방송을 한 적 있다. 행복이라는 매우 익숙하지만 모호한 말이 지금처럼 학문적, 대중적 관심을 받은 적도 역사상 그리 흔치 않다. 이처럼 최근에 와서 행복이 새삼 선진사회의 사회적, 학문적 화두가 된 것은 우연이 아니다. 기실, 그 어느 시대보다 행복이 자주 회자된다는 것은 역설적으로 우리가 그다지 행복하지 않다는 것을 의미한다. 10여 년 전만 해도 선진국 국민들은 그동안 성취한 물질적 풍요를 기반으로 이제 바야흐로 행복을 누리기만 하면 되는 줄 알았다. 그런데 그런 기대와 달리 10여 년

이 흐른 지금도 별반 행복해지지 않았다. 행복을 가져다줄 것으로 믿었던 물질적 풍요가 행복을 가져다주지 않았다면 도대체 무엇이 행복을 가져다준다는 말인가? 아니 보다 근본적으로 도대체 행복이란 무엇이기에 물질적 풍요와 상관없이 항상 저만큼 멀리 떨어져 잡힐 듯 잡히지 않는단 말인가? 바로 이런 의문이 커지면서 행복에 관한 학문적, 대중적 관심이 증폭되고 있는 것이다.

사실 과거에 행복은 학문적 연구대상에서 소외되었다. 그 이유는 저자의 표현처럼 행복은 '신기루'와 같기 때문이다. 행복이 신기루와 같다는 것은 두 가지 의미를 내포한다. 하나는 행복을 학문적 개념으로 정립하기 힘들다는 것이고, 또 하나는 행복을 얻기가 매우 어렵다는 것이다. 저자는 이 책에서 신기루와 같은 이러한 행복의 실체를 밝히고 우리가 과연 행복해질 수 있는지에 대해 매우 냉철한 과학적 통찰을 하고 있다. 행복에 관한 일반적인 저작이나 자기수양서가 행복을 원하는 독자의 기대에 기어코 부응하려 한다면, 이 책은 그와 사뭇 다르다는 것을 미리 염두에 두는 것이 좋다. 이 책은 범람하고 있는 자기수양서들처럼 어떻게 하면 행복해질 것인가에 천착하지는 않는다. 그보다는 우리가 행복에 대해 어떤 태도를 취해야 하는지 조목조목 따져보면서 진정한 행복이 무엇인지 깊이 성찰하게 하는 책이다.

이 책에서 말하는 저자의 논점은 크게 세 가지다. 첫째는 우리가 원하는 것이 행복을 가져다주는 것은 아니라는 것이다. 우리가 원하는 것, 예컨대 물질적 풍요, 섹스, 높은 지위 등은 진화과정에서 종족보존에 유리하기 때문에, 그리고 우리 조상들이 모두 그런 것을 원했던 존재이기 때문에 우리도 그런 것을 원하게 된 것일 뿐, 그 자체로 행복을 가져다주는 것은 아니다. 저자에 의하면 원하는 것wanting과 좋아하는 것liking 즉, 원하는 것과 행복을 가져다주는 것은 서로 다르다. 여기서 우리는 우리가 많은 돈을 원한다 해도 그 돈이 행복을 가져다주는 것은 아니라는 것을 이해할 수 있게 된다.

저자의 두 번째 논지는 행복은 상당 부분 유전적 요인에 의해 결정된다는 것이다. 저자는 부, 결혼상태, 사회적 지위 같은 생활환경보다 그 사람의 개성이 행복에 더 큰 영향을 미친다는 연구결과를 소개한다. 신경과민과 외향성이란 두 가지 개성 중 외향적인 사람이 더 행복했으며, 외향적인 사람은 좌뇌활동이 활발하고 뇌의 세로토닌 수치도 높았는데, 이런 두 뇌활동은 '5HTT'라는 유전자에 의해 결정된다. 결국 행복을 느끼는 것은 뇌이며(발가락이 행복을 느끼는 것은 아니다), 뇌의 활동은 유전자가 좌우한다는 것이다. 이와 같이 행복이 상당 부분 유전적 요인에 의해 결정된다면, 행복에 대해선 어찌해 볼 도리가 없다는 것인가? 여기서 저자의 세 번째 논지가 나온다.

저자의 세 번째 논지는 다소간 역설적이다. 저자는 그렇다 해도 행복에 대해서 우리가 뭔가 해볼 도리가 있다고 말하는데, 그것은 부정적인 감정을 조절하고, 긍정적인 감정을 증대시키며, 가장 중요하게는 감정의 주체인 자신을 변화시키는 것이다. 자신을 변화시키는 것이란 결국 행복에 대한 태도를 변화시키는 것이다. 저자는 우리가 불행을 느끼는 것은 불행한 일이 생겨서가 아니라 끊임없이 행복을 추구하기 때문이라고 말한다. 따라서 행복에 대한 욕심을 버리고 행복 추구에 매달리지 않는 것, 요컨대 행복에 대한 태도를 변화시키면 행복은 부지불식간에 자신에게 찾아온다는 것이다.

저자는 행복의 개념을 학문적으로 검토 가능한 과학적 개념으로 정립하는 데 많은 노력을 기울였다. 이는 행복 심리학이란 학문적 측면에서 중요한 성과다. 저자가 이 책에서 말하는 행복은 순간적인 기쁨과 즐거움(1단계 행복) 그리고 삶에

대한 만족(2단계 행복)이다. 자아실현(3단계 행복)도 넓은 의미의 행복으로 받아들이고는 있지만, 자아실현을 판단하는 데 도덕적 판단이 개입될 수 있기 때문에 과학적으로 다루기에는 적합하지 않다고 보고 있다. 특히 저자가 과학적이면서도 가장 일반적인 개념의 행복으로 간주하는 것은 삶에 대한 만족을 의미하는 2단계 행복이다. 저자가 이와 같이 행복의 개념을 정리한 것은 독자들이 행복에 대한 진지한 성찰을 시작하는 데 도움을 준다.

이 책은 행복 또는 행복학에 관한 입문서로 씌어진 것이긴 하지만, 일반 독자가 이해하기에 어려운 부분도 있을 것이다. 하지만 행복에 관심 있는 진지한 독자라면 결코 피해가서는 안 될 의미 있는 저작으로 일독을 권하고 싶다. 저자와의 협의에 의해 첫째 장과 둘째 장의 순서가 원저와 다른 것도 유념해주기 바란다. 마지막으로 이 책을 내기까지 책에 대한 깊은 애정으로 역자에게 많은 조언을 해주신 와이즈북의 편집진에게 감사드린다.

김상우

빵과 서커스 Bread and Circuses

안락함과 기쁨 Comfort and Joy

진정한 삶을 위한 행복 설계 A Design for Living

행복은 나비와 같다. 잡으려 하면 항상 달아나지만

조용히 앉아 있으면 스스로 너의 어깨에 내려와 앉는다.

—너대니얼 호손

Happiness

빵과 서커스
Bread and Circuses

행복비관론과
행복낙관론

"우리가 존재하는 직접적인 목적이 고통 받는 것이 아니라고 한다면, 우리는 그 목적에서 가장 벗어난 존재다"라고 쇼펜하우어는 그의 후기 저작 《세상의 고통에 대하여On the Suffering of the World》에서 말하고 있다. 그는, 불행과 행복은 삶의 예외현상이라기보다는 일상적인 삶의 규칙이라고 주장하면서 "일, 근심, 노고, 고민거리들은 거의 모든 사람이 평생 지고 가는 운명이다"라고 말했다.

인간은 경제적 불확실성에서부터 악화된 건강, 짝사랑, 그리고 평생의 꿈을 실현하지 못한 실망 등 수많은 근심거리를 안고 살아간다. 쇼펜하우어가 행복에 대해 아주 재미있는 통찰을 했다는 것은 분명하다. 그러나 여기서 그는 자신의 경험에 비추어 대부분의 사람들이 대체로 아주 불행하다는 주장을 하고 있다.

쇼펜하우어는 행복비관론자였던 유럽의 위대한 사상가와 예술가들 중 대표적인 사람이다(〈사진 1〉 참조). 이들 유럽의 행복비관론자들은 보통은 우리가 원하는 것과 실제 가질 수 있는 것 사이에 존재하는 깊은 갭 때문에 행복에 필요한 조건들을 마련하기가 매우 힘들다고 믿었다. 예를 들면 자신의 죽음에 대한 인식, 자신의 충동에 대한 사회의 억압, 또는 지독하고 망상적인 욕망심리 등은 우리를 항상 고뇌에 빠트린다. 비관론자들이 그리는 세계는 대부분의 사람들이 기본적으로 불행하며, 영원히 또는 결코 도래하지 않을 유토피아가 건설될 때까지 계속 불행한 삶을 살아가는 그런 세계이다.

행복비관론과 반대되는 주장은 대부분의 사람들이 대체로 자신들의 운명에 만족한다는 주장이다. 로마시대의 풍자시인 유베날리스Juvenal는 "대중들은 오랫동안 근심을 버리고 (…) 단지, 빵과 서커스 두 가지만을 간절히 원했다!"라고 말했다. 유베날리스는 자신과 같은 스토아 철학자처럼 일반적으로 사람들은 허영에 가득 찬 욕망으로 인해 종종 비참한 존재가 된다고 믿는 행복비관론자였다. 그렇다 해도 앞의 인용구에서 그는 분명 행복비관론과 반대되는 주장, 즉 생계(빵)와 최소한의 오락(서커스)이라는 기본욕구만 충족되면 대부분의 사람들은 행복해할 것이라고 주장하고 있다.

우리는 이 두 가지 입장, 즉 행복비관론과 행복낙관론을 각각 '질풍노도 가설'Sturm und Drang Hypothesis: 욕망과 권태는 (…) 삶에 있어서

〈사진 1〉 불만에 가득 찬 삶을 살았던 세기의 지성들

**라킨, 프로이트, 니체, 사르트르, 쇼펜하우어, 비트겐슈타인.
유럽의 많은 위대한 지성들은 행복비관론자였다.**

• **다음 인용문이 누구의 말인지 연결해보라.** (답은 책 뒤의 주에 있다.)

❶ 사람들은 '조물주의 계획에 인간의 행복이란 포함되어 있지 않다'라고 말하고 싶어 한다.
❷ 실존주의자들은 '인간은 고뇌에 찬 존재'라고 말한다.
❸ 모든 시대를 통틀어 가장 현명했던 모든 사람은 '삶은 결코 좋은 것이 아니다'라고 판단했다.
❹ 나는 우리가 왜 여기에 존재하고 있는지 모른다. 그러나 즐기기 위해 존재하고 있는 것이 아닌 것만은 확실하다.
❺ 오늘은 별로 좋지 않다. 그리고 날이 갈수록 더 나빠져 마침내 최악의 날이 도래할 것이다.
❻ 인간은 서로 고통을 주고받는다/그 고통은 더욱 심해진다/가능한 속히 떠나라/그리고 자녀를 두지 말라.

쌍둥이와 같은 두 기둥이다과 '빵과 서커스 가설'Bread and Circuses Hypothesis: 대중들은 오랫동안 근심을 버렸다로 부를 수 있다. 그리고 이 두 가설은 모두 세상이 어떻게 되어야 한다는 당위적인 주장을 하는 것 이 아니라, 세상이 어떻게 돌아가고 있는지 말해주는 '서술 적인 가설'descriptive hypotheses로 볼 수 있다. 그렇다면 어느 가설 이 옳은지는 실제 세상이 어떻게 돌아가고 있는지 살펴보면 실증적으로 알 수 있다.

행복에 대한 연구

영국은 주기적으로 국민들에 대한 대규모 횡단연구정해진 한 시점에 서 조사대상의 자료를 수집, 분석, 추론하는 연구방식. 일정한 시간을 두고 조사대상의 변화를 추 적하는 종단연구와 대비된다-옮긴이를 실시한다. 예를 들면, 전국 아동발 전연구NCDS: National Child Development Study에서는 1958년 3월 3일과 3월 9일 사이에 태어난 모든 아동들을 폭넓게 연구했다. 이들 의 출생, 가족배경, 학력, 건강에 관한 자세한 모든 정보가 1958 년부터 지금까지 기록되고 있다(이들은 지금 40대가 되었다).

몇 년 주기로 조사 가능한 대상자들에게 그들의 삶의 여러 측면에 대해 면접조사를 실시했다. NCDS 문서에는 이들에 대한 수천 가지 자료가 포함되어 있는데, 이를 통해 이들 집단이 어떻게 성장하고, 어떻게 생각하고, 또 어떻게 행동하는지 독특한 특징을 살펴볼 수 있다. 나아가 이 자료를 통해 이 특정한 역사적 시대에 영국만의 특별한 주제에 관해 연구할 수 있을 뿐만 아니라, 자료가 방대하고 상세한 까닭에 건강, 결혼, 행복과 같은 보편적인 주제에 대해서도 연구할 수 있다. 그렇게 해서 얻어진 연구결과는 다른 나라에서 행해진 보다 규모가 작은 여러 연구를 통해 우리가 이미 알고 있는 사실들을 재확인해줄 뿐만 아니라 더 많은 것을 알려준다.

NCDS 조사대상자들은 종종 행복에 관한 질문을 받았다. 예를 들면, 2000년에 중년의 위기가 절정에 이르는 42세가 된 이들에게 지금까지의 삶에 대한 만족도를 1점에서 10점까지 점수로 평가해달라고 요청했다. 그 결과는 아주 놀라웠다 (〈도표 1〉 참조). 11,269명의 응답자 중 90% 이상이 5점 이상이라고 답했다. 그리고 이들 중 반 이상이 8, 9, 10점의 점수를 택했고, 대체로 8점이 가장 많았다.

이런 결과는 다른 나라에서 실시된 여러 연구결과와 상당

〈도표 1〉 삶의 만족도에 대한 응답 분포

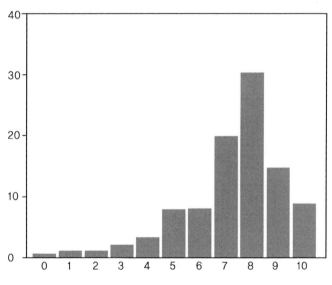

응답비율(%)

자신의 삶에 대한 만족도(1~10점까지 평가)

−NCDS 조사자료(2000)

히 일치한다. 질문을 받았을 때, 대부분의 사람들은 자신이 행복하거나 매우 행복하다고 말했고, 이런 결과는 연령, 장소, 성별, 또는 질문방식이 달라도 비슷했다. 레이크 워비건 효과Lake Wobegon Effect: 자신이 다른 사람보다 좀더 낫다고 생각하는 현상—옮긴이처럼, 대부분의 사람들은 자신의 삶에 대한 만족도가 평균 이상이라고 주장한다. 이런 연구결과로 보면 대중의 일반적인 상황을 불행으로 묘사한 '질풍노도 가설'은 틀린 것이다.

〈도표 2〉 각국 국민들의 '삶의 만족도'

(10점 척도)

불가리아	5.03	이탈리아	7.24
러시아	5.37	아르헨티나	7.25
루마니아	5.88	브라질	7.39
헝가리	6.03	멕시코	7.41
인도	6.21	영국	7.48
체코	6.4	칠레	7.55
나이지리아	6.4	핀란드	7.68
일본	6.53	미국	7.71
한국	6.69	아일랜드	7.87
프랑스	6.76	스웨덴	8.02
중국	7.05	덴마크	8.16
스페인	7.13	스위스	8.39

물론 내가 인용하고 있는 연구들과 대부분의 심리학 연구들은 아주 풍요로운 모집단을 조사대상으로 해서 수행된 것이며, 역사적으로 매우 중요하게 생각되는 많은 고통과 공포는 연구결과에 영향을 미치지 못하게 했다. 아마도 현대의 풍요로움을 별로 누리지 못하는 모집단을 조사한다면, 인간이 불행하다는 증거를 더 많이 발견할 수 있을 것이다.

지금까지 몇 개의 국가 간 비교연구가 있었는데 흥미롭게도 국가들 사이에는 중요한 차이가 있었다. 이것은 세 번째 장 〈사랑과 일〉에서 검토할 것이다. 그러나 이들 국가에서도 사람들이 대체로 행복해한다는 사실을 유념할 필요가 있다.

1990년대 초에 조사된 42개국 중 어느 나라도 10점 만점에 평균 5점 이하를 기록한 나라는 없었다(〈도표 2〉 참조). 상대적으로 가련한 불가리아인들이 평균 5.03을 기록했고, 아주 행복한 스위스인들이 평균 8.39(이는 스위스인 중에 불만을 느끼는 사람이 아주 적었거나, 어떤 스위스인의 경우 10점 이상을 대답했다는 것을 의미한다)를 기록했다. 6점 이하의 점수를 기록한 나라는 모두 공산주의 붕괴 후 급격한 과도기를 겪고 있는 나라란 사실을 유념할 필요가 있다. 이런 불안정한 상황에서 사람들은 일정한 기간 동안 근심에 빠지기 마련이다. 비교적

안정된 나라들 가운데는 매우 가난한 나라조차 평균 6~8점 사이에 몰려 있었다(인도 6.21, 나이지리아 6.4, 중국 7.05).

사람들이 왜 이렇게 행복한가?

왜 사람들이 이렇게 행복한가? 긍정적인 감정이 부정적인 감정보다 더 자주 느껴져서 긍정적인 감정으로 균형이 기울기 때문인가? 그럴 수도 있다. 그렇지만 사람들이 스스로를 평균 이상 행복하다고 생각하는 데는 다른 이유도 있다. 삶의 목표를 이루는 데 실패했다고 생각하거나 성공한 사람과 비교하는 과정에서 만성적인 불행을 느낄 수 있다. 그러나 만성적으로 불행을 느끼는 것은 스스로를 위해 피해야 할 일일뿐만 아니라, 진화심리학자 제프리 밀러Geoffrey Miller의 말처럼, 이성과의 첫 데이트에서도 숨기고 싶은 일이다. 즉, 불행은 단지 불운한 것으로 그치는 것이 아니라 이성, 친구 또는 동료와의 관계에서도 매력적이지 않은 것이다. 이런 효과는 감정에 대한 영향력 있는 이론가이기도 한 자유시장경제학의 아버지 애덤 스미스Adam Smith에 의해 지적된 바 있다.

명랑한 성격보다 더 멋진 것은 없다. (…) 슬픔은 아주 다르다. 맘에 안 드는 모든 하찮은 일에 불편을 느끼는 사람은 다른 사람과 어울릴 수 없다.

따라서 사람들이 자신의 행복수준을 높이 평가하는 한 가지 이유는, 자신이 외부에 전하고 있는 신호를 본능적으로 알고 있고, 그래서 자신의 '인상을 관리'하려고 하기 때문이다. 이런 효과가 중요하다는 것은 사람들이 우편조사 때보다 면접조사 때 답하는 행복지수가 더 높다는 사실에서도 알 수 있다. 이런 효과는 면접원이 이성인 경우에 특히 두드러진다. 이런 의도를 이해하기란 어려운 일이 아니다(만약 독자 여러분이 우울할 때, 모든 사람이 나보다 행복해 보이는 것은 실제 그들이 나보다 행복해서가 아니라 단지 행복하게 보이는 데 능숙하기 때문이라고 생각하면 좋을 것이다).

다른 많은 영역에서도 사람들 대부분은 자신이 평균 이상이라고 생각한다. 대부분의 사람들은 자신이 평균 이상으로 운전을 잘하며, 평균 이상으로 양심적이고 친절할뿐더러, 인생목표를 달성하는 데도 평균 이상일 거라고 믿는다. 그러나 이들 모두가 옳을 순 없다! 이런 자기고양효과self-enhancement effects는 부분적으로는 인상관리 때문이겠지만, 보다 심오한 이유가 있다. 그것은 우리가 아주 불확실한 세계를 살아가기 때문이다. 예를 들면, 행복한 결혼이나 승진같이 삶의 중요한 목표를 달성할 가능성을 제대로 예측하기란 매우 어렵다. 그 가능성을 예측할 수 없기 때문에 우리는 추정에 기초해 행동해야 한다. 가능성을 낮게 추정하면 수동적이 된다. 왜냐하면 가능성이 낮은데 힘들게 시도할 이유가 없기 때문이다. 가능성을 높게 추정하면 노력하게 된다. 그런 노력이 실패로 끝날지 모른다 해도 때로는 성공할 수도 있기 때문이다. 달리 말하면, 인생의 결과가 어떻게 될지 '모르기' 때문에 열심히 노력하면 우리가 원하는 것을 얻을 수 있는 '것처럼' 행동하는 편이 나은 것이다. 이런 이론이 옳다면, 성공의 단맛이 노력과 실패의 고통보다 훨씬 크기만 하면 자기고양적인 태도가 나온다고 예측할 수 있다. 또한 이 이론에 따르면, 노력과 실패의 고통이 매우 큰 곳에선 자기고양 대신 신중한 태도가 나온다고 예측할 수 있다. 바로 이것이 현재 심리학자들이 검증하려는 가설이다.

이런 효과가 발생하는 이유는 다음과 같이 행복을 판단하기 때문이다. 그저 "대체로 얼마나 행복합니까?"라고 물으면 적절한 비교의 틀이 없다. 따라서 사람들은 아마도 동료나 자신이 원하는 어떤 이상형에 자신을 비교함으로써 비교의 틀을 마련하려고 할 것이다. 만약 이들이 동료와 비교한 자신의 모습과 원하는 것을 얻는 일에 대해 낙관적인 견해를 가지면, 당연히 자신이 매우 행복하다고 생각할 것이다. 따라서 대부분의 사람들이 아주 행복하다는 것은 우리가 세상을 살면서 갖게 되는 매력적이지만 비현실적인 심리를 반영하는 것인데, 이런 결론은 행복비관론자였던 쇼펜하우어와 유베날리스 모두가 좋아할 결론이다.

사람들이 끊임없이 행복을 추구하는 이유

대부분의 사람들이 행복하다고 말한다면, 우리 대부분이 가장 좋은 세상에서 살고 있다는 것을 의미하는가? NCDS에서 대부분의 사람들이 아주 만족하고 있다 해도, 응답자 중 10% 미만의 사람들만이 10점 만점을 주었다. NCDS 연구자들은 또한 조사대상자들에게 10년 후의 삶은 어떨지, 1에서 10까지 점수를 매겨보도록 요청했다. 그 결과는 새로운 것이었다. 현재의 삶에 대한 이들의 평균 만족도는 7.39였는데, 이들이 생각하는 10년 후의 평균 만족도는 8.05였다. 5%만이 10년 후 상황이 나빠질 거라고 생각했으며, 49%는 현재와 같을 거라고 생각했고, 46%는 더 나아질 거라고 생각했다.

사람들이 현재에 만족하면 할수록 미래에 대해서는 별로 기대하지 않을 거라고 생각할 수도 있다. 지금까지 일이 잘 풀렸던 사람들은 앞으로 달라질 일이 없거나 실망할 일 말고는 별로 기대할 것이 없는 반면, 지금까지 정말 일이 꼬였던 사람들은 좋아질 일만 남았다고 생각할 수도 있다. 그러나 사실은 그 반대다(〈도표 3〉 참조).

〈도표 3〉의 숫자는 응답자들이 현재 느끼고 있는 자신의 삶에 대한 함수로서 "10년 후에 얼마나 행복할 거라고 생각합니까?"라는 질문에 대한 평균 응답점수다. 현재 평균 이상의 만족감을 보인 사람들은 미래에도 평균 이상 만족할 거라고 믿고 있다. 일반적으로 미래에 대한 기대는 현재의 상태보

〈도표 3〉 현재의 삶에 대한 평가점수의 함수로서
10년 후 자신의 삶에 대한 기대 점수

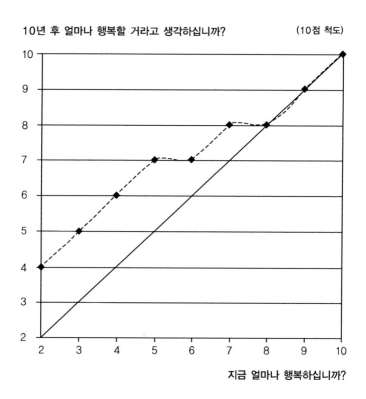

10년 후 얼마나 행복할 거라고 생각하십니까?　(10점 척도)

지금 얼마나 행복하십니까?

−NCDS 조사자료(2000)

다 약간 높다. 도표에 나타난 대각선은 사람들이 미래를 현재와 똑같다고 생각할 때를 나타낸 것이다. 따라서 대각선 위에 찍힌 응답점수는 미래에 대해 낙관하고 있음을, 즉 지금보다 미래가 더 좋을 거라고 믿는다는 것을 의미한다. 반면 대각선 아래의 응답점수는 미래에 대해 비관하고 있음을 나타낸다. 미래의 삶에 대한 평균 만족도는 현재의 만족도보다 전혀 낮게 나오지 않았다. 미래의 삶에 대한 평균 만족도는 현재의 만족도 위에서 움직이는 막대기와 같은 모양으로 상승하고 있다. 즉, 현재 만족도가 3점인 경우 미래에 대한 기대치는 5점이었고, 현재 만족도가 7점인 경우 미래 기대치는 8점이었다. 단지 현재의 삶에 아주 만족하고 있는 사람들만이 미래의 기대치가 현재와 동일했다. 이들조차 미래가 나빠질 것이라고는 예상하지 않고 있다.

대부분의 사람들에게 행복은 푸짐한 식사를 한 후 느끼는 식욕과 같다. 아주 배부르다고 생각하지만, 어떻게든 디저트는 먹을 수 있는 것이다. 이는 우리로 하여금 우리의 삶에 좋은 일을 하게끔 하는 행복시스템이 있다고 하면 말이 된다. 어떤 유기체도 단기간을 제외하고는 완전히 만족한 적이 없을 것이다. 왜냐하면 항상 더 좋은 것이 있기 때문이다. 그리고 완전한 만족을 느끼는 사람이 있다면, 그는 더 좋은 것을 찾는 수고는 하지 않을 것이다. 따라서 상황이 어떠하든, 현재 우리가 느끼는 만족과 생각할 수 있는 가능한 최고의 만족 사이에는 하나의 작은 영원한 갭이 존재한다. 어쩔 수 없이 존재하는 이런 갭을 메우기 위해 사람들이 동원하는 것은 향수, 종교, 약물, 그리고 소비재 상품들이다.

여기서 내가 제시하는 자료와 그와 유사한 자료들은 정말 놀라운 것이다. 우리가 살아가고 있는 이 거대한 바보들의 무대는 실망과 갈등과 고통과 죽음으로 가득 차 있다. 그러나 우리 대부분은 꽤 행복하다고 생각한다. 근대의 위대한 사상가들 중에도 행복비관론자가 있었다. 이들은 왜 틀렸는가? 어찌해서 이들은 존재의 고통이 사람들 대부분의 의식에서 대부분의 시간 동안 존재하지 않는다는 것을 몰랐는가?

한 가지 지적해야 할 것은 행복비관론자들 모두가 지성인이었다는 것이다. 이것은 아마도 그들이 상당히 신경과민적인 존재였다는 것을 의미한다. 신경과민에 대해선 네 번째 장 〈근심맨과 열정맨〉에서 더 이야기할 것이다. 고뇌, 깊은 성찰, 그리고 고립이 사상가들의 특징이다. 따라서 대중의 정신을 관찰한 이들은 아마도 그 일을 하는 데 가장 능숙하긴 하겠지만, 그런 일을 하기에 가장 자격 없는 사람들이었다 할 것이다. 더욱이 쇼펜하우어 같은 지성인들은 학문영역에서 자신의 틈새를 개척해야 한다. 세상사가 순조롭다는 전제에서 시작하면 그들은 성공할 수 없을 것이다. 신문사 편집장들 말처럼 세상이 편안해 아무런 일도 벌어지지 않으면 신문은 팔리지 않는다. 그러나 우리가 불행할지도 모른다는 관념은 세상에 잘 팔린다.

일부 철학자와 시인들만이 행복비관론자였던 것은 아니다. 거대한 사회적 그리고 개인적 개혁운동들은 거의 항상 우리가 불행하다는 전제에서 출발한다. 마르크주의자들에 따르면, 사람들은 생산수단을 소유하지 않았기 때문에 소외된다. 기독교 전도사들에 따르면, 신의 말씀을 진정으로 받아들일 때까지 우리는 고통 속에 신음한다. 서점의 서가마다 우리를 아직 실현되지 않은 존재이며, 스트레스를 받고 공허하며 불행한 존재라고 전제하는 정신·육체·종교적 입문서들로 가득 차 있다. 모든 형태의 치료법, 다이어트 보조제, 기분전환 약물, 자기수양서, 긴장완화 치료, 그리고 종교의식 등에 의존하는 일이 기하급수적으로 증가하고 있다. 이런 것들이 제공하는 각각의 해결책들이 가진 상대적인 장점이 무엇이든 간에, 이는 아주 흥미로운 현상이다. 왜 스스로를 대체로 아주 행복하다고 여기는 대중들이 불행을 치료해준다고 하는 것들을 열렬히 소비하고 있는가?

우리는 또한 행복이 가능하다는 이야기만 나오면 매우 잘 믿는 경향이 있다. 예를 들면, 인류학자 마거릿 미드Margaret Mead 는 《사모아에서의 성년Coming of Age in Samoa》이라는 매우 유명한 책을 썼는데, 이 책에서 그녀는 이 조그만 태평양 섬의 삶을 아주 평화로운 것으로 묘사했다. 그녀가 관찰한 사모아는 부러움이나 질투로 인한 사람들 간의 갈등과 폭력이 없는 행복한 섬이었다. 알려진 것처럼, 미드는 보통의 세계일주 배낭 여행가들보다 더 오래 사모아에서 머무르진 않았다. 그리고 그녀는 사모아에 도착하기 전에 자신이 찾는 것이 무엇인지 정확히 알고 있었다. 놀라운 것은 소설을 쓰려는 미드의 (실제로 고상한) 동기가 아니라 대중들의 반응이었다. 그녀의 책은 인류학의 베스트셀러가 되었으며, 수많은 사람들에게 영향을 미쳤다. 독자들은 본질적으로 불행이 없는 인간사회가 존재할 수 있다는 것을 무비판적으로 받아들이는 경향이 있는 듯했다. 그리고 사모아에서도 다른 곳처럼 갈등과 폭력이 존재한다는 것을 보여준 몇몇 저작을 구해 읽어볼 수 있었음에도 불구하고, 사모아가 불행이 없는 인간사회라고 인정하려 했다.

그러나 그 전제는 정말 웃기는 것이다. 사모아는 우리보다 훨씬 빈곤하고, 훨씬 많은 산부인과 질병과 훨씬 많은 고통, 그리고 훨씬 많은 불확실성이 존재하는 곳이다. 사모아 사람들도 다른 사람들과 마찬가지로 사랑, 경쟁, 노화 등 살면서 겪을 수밖에 없는 갈등을 갖고 있다. 그러나 우리는 그들이 완벽하게 행복했다고 인정하려는 것 같다. 나는 이런 사실이 사모아인들보다 미드의 책을 읽은 독자들의 심리에 대해 더 많은 것을 말해준다고 믿는다. 따라서 두 가지 의문이 생긴다. 하나는, 대체로 우리가 아주 행복하다는 증거가 있는데 왜 우리는 우리의 불행을 전제로 하는 철학에 관심을 갖느냐 하는 것이고, 또 하나는, 왜 우리는 다른 시대나 장소 또는 다른 생활양식이 우리 것보다 행복하다고 믿느냐 하는 것이다.

첫 번째 의문을 풀기 위해서는, 우리의 행복에 대한 판단이 상황에 따라 변하기 쉽고 상황에 민감하다는 것을 알아야 한다. 우리는 일반적으로 우리가 행복하다고 생각할 수 있다. 그러나 최근에 벌어진 몇 가지 안 좋았던 일을 지적하면, 갑자기 상황이 다르게 보인다. 매력적인 타인의 사진을 보여주거나 나쁜 기억을 떠올리게 하는 것만으로도 사람들이 자신의 행복을 재평가하게 만들 수 있다. 대부분의 유토피아 철학자들은 우리가 누리는 현재의 삶이 고통이라고 지적하면서 논의를 시작한다. 실제로 내가 하루 종일 뼈 빠지게 일하는 노동자인 데 반해, 다른 누군가는 편안한 공장 주인이라는 사실은 매우 유감스러운 일이다. 그리고 물론 나는 때때로 고독을 느끼고 목적의식을 상실하기도 한다. 현대의 삶이 스트레스를 줄 수도 있다. 그리고 쇼펜하우어를 읽으면서 나의 삶이 일반적으로 실망스럽다는 사실을 알게 될 수도 있다. 우리가 미처 깨닫기도 전에, 이런 각각의 생각들은 전체적인 행복을 판단하는 비교의 틀 또는 준거틀frame of reference이 되었다. 그러나 깨닫기 전에는 이런 생각들이 행복을 판단하는 틀이 될 정도로 확연히 드러나는 것 같지는 않다.

행복시스템이란 것이 있어 우리로 하여금 가장 좋은 것을 추구하게 한다면, 행복시스템은 더 좋은 곳을 제시할 것이며, 항상 더 나은 환경, 더 나은 사회적 네트워크, 더 나은 행동양식을 모색할 것이다. 그리고 행복시스템은 정말 특별한 경우에만 불만의 여지를 약간 남겨둘 것이다. 염세주의 철학자들은 삶의 가장 괴로운 측면에 관심을 갖게 하고 그런 측면들을 부각시킴으로써, 행복시스템이 더 나은 것을 제시함으로써 생기는 이런 불만의 여지를 이용해 먹을 수 있다. 물론 그렇다고 해서 염세주의 철학자들의 진단이나 그들의 치료법이 틀렸다는 것은 아니다. 그러나 균형 잡인 시각과 비판적인 정신을 유지하는 것이 좋다.

행복시스템은 보다 좋아 보이는 대안을 제시할 뿐만 아니라, 우리로 하여금 그 대안을 추구하도록 한다. 따라서 본질적으로 행복시스템은 지위, 안락, 섹스, 아름다움, 그리고 생물학적 적합성조상으로부터 이어진 종족보존 능력 또는 적합성—옮긴이을 유지하는 데 도움이 되는 것들을 찾아내고 '우리가 그런 것들을 갖기만 하면' 훨씬 더 행복해질 것이라고 우리에게 속삭인다. 사람들을 진정으로 행복하게 해주는 것이 존재할 수는 있다. 그러나 사람들이 하는 일 중에는 결국 사람들을 전혀 행복하게 만들지 못하는 것도 많다. 사람들은 지위, 안락, 섹스, 아름다움 그리고 생물학적 적합성을 유지하는 데 도움이 되는 것들을 '원한다'. 그러나 그런 것들을 얻게 되면 또 다른 것을 원한다. 이와 같은 강렬한 욕망이 존재하는 것은, 우리가 어떤 조건만 충족되면 완전한 행복을 얻을 수 있다고 믿기 때문이다.

그러나 자신의 외적 조건이 무엇이든 간에 사람들은 결코 완전히 행복해질 수는 없다. 여러분이 사랑하는 사람이 항상 여러분을 사랑하는 것은 아니다. 또 여러분은 섹스와 우정, 야망과 안락함, 돈과 시간같이 서로 어울릴 수 없는 목표들 사이에서 갈등하고 있을 것이다. 이런 갈등은 사라지지 않고 단지 관리될 뿐이다. 반면에, 인간이란 동물은 가장 끔찍한 상황을 제외하고는 모든 상황에서 즐거움을 발견하는 데 아주 뛰어난 동물이다. 그래서 위험한 화산 경사면에 사는 사람들은 포도를 기르고, 비극적인 개인사를 경험한 사람들은 적당하게 행복해질 수 있는 방법을 강구해낸다.

이처럼 우리가 뛰어난 적응력을 가진 존재라 해도 아무 일이나 해서는 안 된다. 실제로 사람들의 삶을 개선하거나 악화시키는 정부정책이 존재한다. 뒤에서 논의하겠지만, 행복의 격차를 좁히려는 심리전략도 있다. 그러나 이 장에서 제시된 자료들은 좌절을 보다 큰 맥락 속에서 살펴볼 수 있게 해준다. 좌절을 주는 일들이 겉으로 보이는 것처럼 그렇게 나쁜 경우란 거의 없다. 불행한 것은 인간이 처한 상황이 아니다. 만약 여러분이 삶의 모든 것이 파멸이고 암흑이라고 생각하는 경향이 있다면, 여러분은 자신이 옳게 비교하고 있는 것인지, 아니면 과거나 미래에 대해 잘못 생각하고 있는 것은 아닌지 살펴보는 게 좋다.

현재의 삶은 불완전하고 완전한 축복은 준비되어 있지 않다. 어느 때나 어느 곳에서나 누구나 완전한 행복을 이룰 수 있다는 주장은 단호히 배격해야 한다. 그리고 유토피아에 관한 주장들은 회의적인 시각에서 엄격한 검증을 받아야 한다. 우리와 똑같은 용기를 갖고 삶을 살아가는 사모아인들에게 우리보다 조금 단순한 삶을 살아가고 있다고 말하는 것은 그들에 대한 모독이다. 이런 결론은 결코 실망스럽지 않은 것이며 우리에게 묘한 해방감을 준다. 다른 누군가의 삶은 천국과 같은데 우리의 삶은 왠지 그렇지 않다고 느끼는 데서 생기는 불안감을 덜어주는 것이다.

지금까지 우리는 실제로 사람들이 행복해한다는 것을 살펴보았다. 여기서 말하는 행복은 단순한 즐거움이나 기쁨도, 그보다 훨씬 더 고상한 자아실현을 의미하는 것도 아니다. 지금까지 말한 행복은 일반적인 의미의 행복, 즉 전반적인 삶의 만족도를 의미하는 것이었다. 다음 장에서는 이와 같은 행복의 개념들을 살펴보고, 심리학에서 말하는 행복의 실체는 무엇인지, 그리고 우리가 왜 행복을 추구하는지 그 이유를 살펴볼 것이다.

Happiness

안락함과 기쁨
Comfort and Joy

행복은 과학으로
규명될 수 있을까?

얼핏 보면 행복은 사랑과 비슷해 보인다. 자신이 사랑하고 있는지 잘 모르는 것처럼 사람들에게 행복하냐고 물어보면 많은 사람들은 잘 모르겠다고 대답한다. 우리 중 행복의 개념을 정의하려는 사람은 거의 없지만, 행복해하는 사람을 보면 행복이 무엇인지는 안다.

주관적이고 불명확하며 모호하다는 이유로 행복이란 개념은 수십 년 동안 심리학에서 무시되었다. 예를 들면, 1985년 판 《펭귄심리학사전Penguin Dictionary of Psychology》은 아무런 해명도 없이 'haploid'햅로이드: '반수체'라는 심리학 용어라는 용어에서 'haptic'햅틱: '촉각의'라는 뜻의 심리학 용어이라는 용어로 바로 넘어가면서 'happiness'를 사전에 수록하지 않고 있다. 단지 행복과 비슷한 말인 'hedonic tone'쾌락적 상태이라는 용어가 몇 페이지 뒤에서 세 줄로 소개되고 있긴 하다. 심리학자들은 행복을 술집의 가십거리에 불과한 일종의 비전문적이고 통속적인 개념으로 보고 학문의 대상은 아니라고 생각했던 것이다.

그러나 내 입장은 그 반대다. 요컨대, 학자들의 구미에 맞는 다른 개념들, 즉 효용, 쾌락적 상태, 웰빙, 좋은 기분 등과 같은 개념으로 우리의 학문적 담론을 채우려고 아무리 노력해도, 실제로 그것들은 일상대화에서 자주 언급되는 행복의 한 측면에 대해 말하고 있는 것이다. 우리가 효용, 쾌락적 상태, 웰빙 같은 신조어로 행복의 개념을 혼란스럽게 만들어버리면 그 피해는 고스란히 우리에게 되돌아온다. 물론 뒤에 살펴보겠지만, 그렇다고 해서 이런 개념들을 정리하는 것이 잘못된 일은 아니다.

소설가 헨리 제임스Henry James의 형제이며 탁월한 심리학자였던 윌리엄 제임스William James, 1842-1910 같은 초기 심리학자들은, 심리는 과학적으로 연구되어야 한다고 믿었다. 그들은 비과학적 개념으로 보이는 사랑, 행복, 믿음 같은 일상적이고 통속적인 심리적 개념들을 심리학이라는 새로운 학문의 출발점으로 기꺼이 받아들였다. 그러나 처음엔 이런 개념들에 대해 세련된 이해를 할 수 없었다. 왜냐하면 후에 심리학에 많은 영향을 끼쳤던 동물행태학은 당시 초기 단계에 있었기 때문에 자체적인 용어가 적어 인간심리학에 용어를 제공해주지 못했으며, 심리학과 밀접한 관계가 있는 신경과학은 거의 존재하지도 않았기 때문이다. 따라서 초기 심리학자들은 누군가 보다 나은 이론을 발전시킬 때까지 커다란 안락의 자에 틀어박혀 사람들이 옛날에는 무엇을 생각하고 느꼈을 까, 곰곰이 새겨볼 뿐이었다.

그 후 심리학은 안락의자와 술집의 가십거리, 즉 초기 심리학이 관심을 가졌던 사랑, 행복 같은 일상적이고 통속적인 개념들을 외면했다. 20세기 중반 심리학자들은 사랑이나 기쁨보다는 눈을 깜빡거리는 횟수에 대해 토론하면서 행복과 같은 일상적인 개념에서 더 멀어져 있었다. 시간이 가면서 눈깜빡임은 '주어진 자극에 대한 반응시간의 미세한 차이'라는 식의 보다 정교한 행동 측정도구로 발전하긴 했지만, 이것을 행복과 같이 중대하고 혼란스러운 일상적인 개념에 연결시키는 데 관심을 두는 사람은 없었다. 기실, 당시 전문가들은 신념, 욕망, 감정 등과 같은 일상적인 개념에 관심을 갖는 통속심리학folk psychology을, 주술의식을 치료법으로 여기는 것과 같은 비과학적인 나쁜 심리학으로 간주했다.

그러나 윌리엄 제임스가 행복과 같은 일상심리에서 연구를 시작하려고 했던 데에는 이유가 있었다. 제임스는 심리학을 하는 것은 인류학을 하는 것과 정말 비슷하며, 진정한 인류학자는 '사람들이 스스로 어떻게 생각하고 있는지' 이해하는 것에서부터 연구를 시작한다고 보았다. 그렇다고 해서 인류학자들의 방식이 궁극적으로 옳다는 것은 아니지만, 사람들이 자신의 삶에 대해 어떤 생각을 하고 있느냐 하는 것은 심리학 연구에 있어서 아주 중요한 측면이라 할 수 있다.

이런 논지에 따라 사람들이 많은 시간 행복에 대해 생각하고 있다면, 행복은 충분한 연구대상이 된다고 주장할 수 있다. 이는 사람들이 행복하든 아니든, 그리고 행복을 완벽하게 정의할 수 있든 아니든 간에 그렇다. 행복과 행복추구에 대한 생각은 인류사의 자연스러운 한 부분이며, 따라서 과학적 관심을 받을 가치가 있다.

지난 몇십 년 동안 심리학은 이런 방향으로 나아갔으며, 과거보다 윌리엄 제임스의 관심에 더 가까워졌다. 바야흐로 이제 심리학은 행복과 같은 개념에 관심을 갖게 되었다. 사람들이 자신의 행동과 감정에 대해 생각하고 느끼는 것을 판단하고 보고하는 방법은 지금은 가치 있는 연구대상이 되었다. 뒤에 살펴보겠지만 이는 감정과 기분, 그리고 행복의 경우에 특히 그렇다. 이런 변화가 이루어진 데는 폴 에크만Paul Ekman의 감정 연구와 진화심리학의 공헌이 컸다.

첫째로, 1960년대에 시작된 에크만의 연구는 감정 연구 분

〈사진 2〉 폴 에크만이 연구한 기본적인 감정을 표현하는 얼굴 표정들

• 각각 분노, 공포, 놀라움, 기쁨, 혐오, 그리고 슬픔을 표현하고 있다.

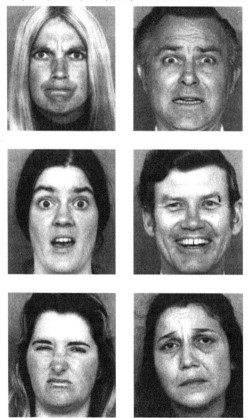

야에서 특히 중요하다. 에크만 이전에 감정이란 것은 심리학자들이 페스트처럼 매우 꺼려했던 모호하고 주관적인 통속적인 관념이었다. 그러나 에크만은 인류학적 방법으로 감정을 연구하기 시작했다. 이 과정에서 에크만은 흥미롭게도 윌리엄 제임스와 거의 동시대를 살았던 찰스 다윈의 연구를 부활시켰다. 에크만은 다양한 감정을 표현하는 (미국) 배우들의 표정을 사진으로 촬영했다. 그리고 배우들에게 사진 속의 표정이 어떤 감정을 표현한 것인지 물었다. 당연히 배우들은 별 어려움 없이 어떤 표정이 어떤 감정을 표현하고 있는지 구별해냈다. 그런 후 에크만은 그 사진들을 멀리 떨어진 파푸아뉴기니의 대니족 사람들에게도 보여주었다. 대니족 사람들도 어떤 표정이 어떤 감정을 표현하는지에 대해 대체로 미국 배우들과 비슷하게 느끼고 구별해냈다.

동일한 결과가 여러 문화권에서도 반복되었다. 에크만의 연구는 보편적인 기본 감정들(공포, 슬픔, 혐오, 분노, 놀라움, 기쁨)을 구별해냈다. 여러 문화권의 사람들이 어떤 표정이 어떤 느낌을 표현하는가에 대해 같은 생각을 하고 있는 것은 물론, 어떤 느낌이 어떤 상황에서 나오는지에 대해서도 같은 생각을 하고 있었다. 소풍바구니에서 뱀이 나오면 공포를, 사랑하던 사람이 자연사로 죽으면 슬픔을, 먹고 있는 음식이 오물로 오염되면 혐오감을, 사랑하는 그리고 아주 그리워했던 사람이 갑자기 찾아오면 기쁨을 느끼는 것이다.

이런 감정들을 정의하기란 쉽지 않다. 그러나 문화권이 달라도 사람들은 이런 감정들을 보면 그 감정이 어떤 것인지를 안다. 그리고 그런 감정들은 우리 호모사피엔스의 기본적인 특징으로 볼 수 있기 때문에 우리는 그런 감정들이 어떻게 작용하고 어떤 역할을 하는지 이해해야 한다. 흥미롭게도 에크만의 연구는 일상대화에서 사용되는 개념들이 이제는 심리학 논문에도 쓰이게 되었다는 것을 의미한다.

둘째로, 행복이 심리학의 연구대상이 된 데에는 진화심리학 evolutionary psychology의 탄생도 큰 역할을 했다. 아직까지는 매우 모호하지만 상당한 영향력을 가진 진화심리학은 결국 우리가 우리의 정신으로 해결하기 마련인 진화과정상에 직면하는 여러 문제들에 대해 우리의 정신이 어떻게 대응하는지 그 특징을 설명하려는 학문이다. 어떤 면에서 진화심리학은 옳다. 우리를 낳은 조상들은 생식능력을 갖출 때까지 살아남았고, 짝을 찾았으며, 성인이 될 때까지 자손을 길러낸 장본인들이다. 그래서 지금 우리가 존재하게 된 것이다. 인류사 전반에 걸쳐 많은 사람들은 자손을 남기지 못했다. 따라서 우리를 낳은 조상들은 도전에 대처하는 아주 현명한 방법들을 천부적으로 알고 있거나 그런 방법들을 학습할 수 있었던 존재임에 틀림없다. 물론 이런 사실로부터 정신이 구체적으로 어떻게 작용하는지를 예측하기 위해서는 더 많은 연구가 필요하다.

그러나 중요한 점은, 진화심리학에서 주장하는 것은 컴퓨터와 추상적 예술작품 같은 지금의 모든 것이 진화를 통해 만들어졌다는 것이 아니라, 우리가 사물을 인식하는 방식이 만들어졌다는 것이다. 진화심리학의 대표적 이론가 레다 코스미데스Leda Cosmides와 존 투비John Tooby의 말을 빌리면, 진화하는 가운데 인간은 계속해서 무섭게 달려드는 커다란 포식동물에 대처해야 했다. 커다란 사자가 우리를 잡아먹으려고 달려드는 바로 그 순간에 우리가 육식동물에 관한 모든 자세한 이론, 사자의 아름다움, 또는 그런 급박한 상황에 대처하는 여러 방법 중 어느 방법이 더 좋은지를 검토할 수는 없는 것이다. 이런 순간 우리는 심장과 다리 같은 주요 신체부위에 이미 연결되어 있는 통신망을 작동시키는 즉각적인 사고(일정한 상황에서 자동적으로 작동되는 일종의 소프트웨어 패키지)가 필요하다. 우리 조상 중 누구도 우리를 낳기 전에 사자의 저녁거리가 된 사람은 없다.

그래서 사자가 달려드는 상황에서 우리 조상들은 모두 이런 특별한 소프트웨어 프로그램을 작동시키고 있었다고 할 수 있다. 사자가 달려들 때 자동적으로 작동되는 이 프로그램, 즉 공포는 지금 우리가 〈주라기 공원〉 같은 영화를 보면서 좌석 밑으로 숨는 것과 같은, 어떻게 보면 정말 바보 같지만 진화를 거치면서 유익한 것으로 증명된 행동들을 하도록 만들었다.

오늘날 사람들이 두려움을 느끼는 방식은 공포프로그램이 어떻게 만들어졌는지를 잘 보여준다. 예를 들면, 오늘날 사람들은 전기소켓과 자동차에 대해 두려움을 느끼는 것보다 광우병과 거미에 더 두려움을 느끼는데, 이것은 통계적으로 볼 때 불합리하다. 왜냐하면 우리가 한 달 안에 교통사고로 죽을 확률이 평생 동안 감염된 소고기를 먹고 죽을 확률보다 훨씬 높기 때문이다. 그러나 구석기시대 아프리카에는 음식을 통한 전염병과 독거미의 위험이 상존하고 있었고, 오늘날 실성한 사람이 멋진 스포츠카를 운전하는 법은 없기 때문에, 통계적으로 볼 때 불합리하더라도 우리는 자동차 사고보다 광우병과 거미에 더 두려움을 느끼는 것이다.

따라서 진화심리학은 행복에 대해 연구할 수 있는 여지를 제공해주었다. 전 세계 곳곳에서 그리고 역사적으로 다른 시대에도 사람들은 행복에 대해 생각했고, 행복을 원했으며, 행복에 대해 토론했기 때문에, 공포와 마찬가지로 행복도 분명 어떤 이유가 있어서 존재하는 하나의 프로그램일 수 있다. 다소 복잡하긴 하지만, 바로 이것이 이 책에서 주장하는 나의 기본 논지다. 행복은 확실히 공포와 아주 동일한 방식으로 미리 정해진 프로그램인 것으로 보인다. 사실 행복프로그램은 더 복잡하다. 나는 '진화를 통해 우리 안에 만들어진 행복프로그램의 목적은 행복 그 자체가 아니라 우리로 하여금 행복을 가져다주는 일들을 믿고, 그런 일들을 추구하게 만드는 것'이라는 주장을 할 것이다. 이는 예컨대 사람들은 지금보다 미래에 더 행복할 것이라고 믿지만 그렇게 될 가능성은 거의 없다는 것, 사회가 부유해질수록 더 행복해지는 것은 아니라는 것, 사람들은 앞으로 닥칠 인생사가 자신의 행복에 어떤 영향을 미칠지에 대해 잘못된 생각을 하고 있다는 것과 같은 당황스러운 몇 개의 연구결과가 의미 있다는 것을 말한다.

에크만의 감정 연구와 진화심리학은 현재 광범위하게 진행되고 있는 행복에 대한 진지한 연구 중 두 가지 조류에 불과하다. 행복에 대한 진지한 연구들은 다양한 이름으로 알려져 왔는데, 그 중 가장 좋은 이름은 (쾌락을 통한 행복의 추구를 의미하는 쾌락주의hedonism와 대비되는) '행복론'hedonics이다. 행복론에 대한 독창적인 저서는 1960년 이후 출판된 것만도 3천 개가 넘는다. 그리고 2000년 이후에는 상업잡지인《행복연구저널Journal of Happiness Studies》도 출판되고 있다.

이런 광범위한 행복 연구에 참여하고 있는 사람들 가운데는 뇌 과학자, 우울증 치료에 관심 있는 임상의학자, 각국에서 인간의 발전수준을 측정하고자 하는 사회학자, 그리고 사람들의 소비선택 행위를 설명하려는 경제학자들이 포함된다. 행복에 대해 아주 인상적인 학제 간 연구노력도 진행되고 있는데, 그것은 협소한 개별학문만으로는 행복을 확실히 규명하기 어렵기 때문이다. 제러미 벤담Jeremy Bentham, 1748-1832이 예측했던 것처럼 행복은 바야흐로 인문과학의 중심 주제로 복귀하고 있는 중이다.

행복의 세 가지 의미

그러면 '행복이란 과연 무엇인가'에 관한 기초적인 논의를 해보아야 한다. 행복의 개념은 불확실하다. 그러나 행복의 개념이 불확실하다고 해서 그 개념이 가지는 가치까지 부정될 수는 없다. 행복은 행복과 관련된 모든 구체적인 사례가 마치 한식구처럼 서로 연관된 그런 개념이다. 즉, 행복과 관련된 사례들은 모두 공통점이 있다. 그러나 그 모든 사례에서 행복의 실체가 무엇인지 확실히 드러나는 것은 아니다.

다행히도 행복의 개념은 여러 문화권에서 나타난다. 여러 문화권에서는 기쁨joy이나 즐거움pleasure처럼 아주 직접적인 감정을 표현하는 말을, 만족satisfaction이나 흡족contentment과 같이 보다 지속적이고 심오한 것을 표현하는 말과 구분하고 있다. 예를 들면, 이태리어는 영어의 joy에 해당하는 gioa와 happiness에 해당하는 felicita를 구분하고 있다. felicita행복 속에는 아주 많은 gioa기쁨가 포함될 수 있지만, 행복해지기 위해 항상 기쁠 필요는 없다. 어떤 언어에서는 행복happiness과 행운good luck 사이에 구체적인 어휘적 관련성이 있다. 독일어 gluck과 glucklich는 어휘적으로 연관이 있는데, 이 두 단어는 영어로 각각 happy와 lucky에 해당한다. 영어의 good hap은 원래 good luck을 의미했는데, hap은 '우연' '행운'을 뜻하는 고어로 happiness와 언어적 관련성이 있다. 이런 사례들이 의미하는 바는, 행복과 관련된 어휘나 개념들은 일상적인 상태보다 더 나은 상태를 의미한다는 것이다. 따라서 행복하다는 것은 절대적인 상태가 아니라 상대적인 상태로서 기대했던 것보다 더 나은, 또는 다른 사람보다 더 나은 상태를 암묵적으로 의미한다.

이런 논의를 통해 우리는 행복의 의미를 찾아볼 수 있다. 행복을 말할 때 대부분은 다음의 〈도표 4〉에 제시된 세 가지 의미의 행복 중 하나를 의미한다. 행복의 가장 직접적인 의미는 기쁨이나 즐거움 같은 감정 혹은 느낌을 말한다. 이런 느낌들은 일시적이며 분명하고 특별한 현상을 갖고 있다. 뉴욕 대학교 법학 및 철학 교수 토머스 네이글Thomas Nagel의 말을 빌리면, 기쁨과 같은 느낌이 있는데 이런 느낌은 원했던 일이 (아마도 예기치 않게) 이루어졌을 때 생기며, 그 느낌 속에는 원했던 일이 이루어졌다는 생각 말고 다른 생각은 별로 없다. 따라서 조잡한 용어를 붙여서 미안하긴 하지만, 우린 이런 의미의 행복을 '1단계 행복'이라고 부를 것이다.

그런데 한 사람이 '행복하다'라고 말할 때의 행복은 보통 그가 항상 기쁘거나 즐겁다는 것을 의미하는 것은 아니다. 즉 1단계 행복만을 의미하는 것은 아니다. 이때의 행복은, 살면

〈도표 4〉 행복의 세 가지 의미

	H A P P I N E S S	

1단계 행복	**2단계 행복**	**3단계 행복**
• 순간적인 느낌들	• 느낌들에 대한 종합적인 판단	• 삶의 질
• 기쁨 • 즐거움	• 웰빙 • 만족	• 존재의 번영 • 자아실현

← ─────────────────

보다 직접적
보다 세속적이며 감정적
보다 확실한 측정이 가능
보다 절대적

───────────────── →

보다 인식적
보다 상대적
보다 도덕적이고 정치적
보다 많은 도덕적 규범과 가치를 포함

• 각 단계는 하위 단계의 내용들을 포함하며 거기에 몇 가지 내용이 더 추가된다.

서 느낀 즐거움과 고통을 비교해보고 장기적으로 삶이 더 즐거웠다는 것을 의미한다. 바로 이것이 심리학자들이 보통 말하는 의미의 '행복'이다. 이런 의미의 행복은 기쁨이나 즐거움 같은 구체적인 느낌이 아니라, 느낌들의 전체적인 균형상태에 대해 종합적인 판단을 한 것이다. 따라서 행복이란 감정 그 자체와 그런 감정에 대한 판단이 혼합된 상태라 할 수 있다. 이런 의미의 행복과 비슷한 말로는 흡족함contentment과 삶에 대한 만족life satisfaction과 같은 말이 있다. 이것이 바로 '2단계 행복'이다. 벤담이 윤리학과 법률의 기초가 되는 '최대다수의 최대행복'을 말할 때의 행복이란 분명 2단계 행복, 즉 오랫동안 축적된 긍정적인 감정과 부정적인 감정 사이에서 긍정적인 감정이 더 우세하다고 판단한 상태를 의미한 것이다.

그렇다고 해도 2단계 행복이 단순히 모든 긍정적인 순간들을 더한 후 모든 부정적인 순간들을 빼는 식으로 계산되는 것은 아니다. 2단계 행복은 또한 다른 가능성과 비교하는 보다 복잡한 인식과정을 포함한다. 예를 들면, 초고가 아주 엉망이라는 것을 잘 알면서도 "초고를 완성해서 행복하다"라고 말할 수 있다. 내가 초고는 항상 엉망으로 쓰지만 처음부터 모든 내용에 심혈을 기울이는 것보다 초고를 수정해 내용을 개선하는 것이 나한테 더 쉬운 일이란 사실을 알고 있다면, 초고가 엉망임에도 불구하고 '행복하다'라고 말할 수 있는 것이다. 초고가 형편없을 것이란 예상과 힘든 일이 곧 끝날 것이란 믿음 때문에 나는 행복할 수 있었던 것이다.

다른 예를 들자면, 만약 내가 보통 하루에 두 번 면도를 한다면, 어느 날은 한 번만 면도를 해서 행복할 수 있다. 그러나 면도를 한 번만 했다고 해서 면도가 즐거운 것은 아니다. 면도는 귀찮고 힘든 일과다. 그런데 여기서 행복을 느끼는 것은 내가 지금 겪은 고통이 과거에 겪었거나 예상했던 고통보다 덜 고통스럽기 때문이다. 요컨대 2단계 행복은 기쁨이나 즐거움을 직접 느낄 때 얻는 1단계 행복과 달리 오랫동안 경험한 긍정적인 감정과 부정적인 감정 사이에서 긍정적인 감정이 우세하다는 판단을 할 때, 그리고 실제 발생한 결과가 발생할 수도 있었던 다른 결과에 비해 더 낫다는 판단을 할 때 얻어지는 것이다.

이보다 더 광범위한 의미의 행복이 있다. 아리스토텔레스가 말한 'eudaimonia'유다이모니아는 종종 '행복'으로 번역된다. 그러나 eudaimonia는 사람들이 자신의 진정한 잠재력을 실현하는 삶을 말한다. 그런 삶 속에 긍정적인 감정이 많이 존재할 수는 있지만, 반드시 그래야만 하는 것은 아니다. 현대의 심리학자나 철학자들은 최선의 삶, 또는 eudaimonia를 행복의 의미로 종종 사용해왔다. 이런 행복을 우리는 '3단계 행복'이라고 부를 것이다.

3단계 행복은 감정상태를 나타내는 것이 아니기 때문에 밖으로 드러나는 독특한 현상이 없다는 것에 유의해야 한다. eudaimonia를 실현한다는 것이 무엇인지를 말해주는 유일한 징표는 없다. 왜냐하면 모든 사람의 잠재력이 다르기 때문이다. 기실, eudaimonia 및 그와 관련된 논의가 가진 문제는 한 인간이 발휘할 수 있는 완전한 잠재력이 무엇인지를 판단해줄 사람이 분명치 않다는 것이다. 그 판단자가 자기 자신이라면 3단계 행복의 개념은 심리학적 개념으로 적절한 것이고 우리의 논의에 알맞다. 그러나 만약 사회나 심리학자가 3단계 행복의 기준을 정하는 판단자가 된다면, 행복의 개념은 도덕적인 것, 기실 하나의 이데올로기가 되고 만다. 그러나 최소한 자유주의 전통의 측면에서 볼 때, 행복은 도덕적인 것이 되어서는 안 된다. 사람들이 서로를 해치지 않는 한, 원하는 대로 자신의 잠재력을 해석하는 것은 사람들의 절대적인 권리다.

인간 선human goods의 모든 영역을 포괄할 정도로 충분히 광범위하면서도 이데올로기와는 다른 행복의 개념을 찾기란 매우 어려운 일이지만, 3단계 행복은 스스로 선택한 자기실현의 삶을 구현한 상태라고 말할 수 있다. 불우한 삶을 산 한 예술가가 온갖 고난 속에서도 자신이 추구하던 예술적 목표를 성취했다면, 2단계 행복은 누리지 못했을지라도 3단계 행복을 얻었다고는 할 수 있다.

〈도표 4〉에 제시된 세 가지 의미의 행복 외에, 일부 학자들은 '무엇이든 원하는 것을 얻는 것'이란 의미로 행복이란 용어를 사용했다. 이는 특히 경제학에서 그렇다. 제러미 벤담과 고전경제학자들은 사람들이 자신의 행복이나 효용을 극대화하는 선택을 한다고 가정했다. 이들이 말하는 효용이란 2단계 행복을 의미했다. 이들은 쾌감을 측정할 수 있는 도구만 있으면, 사람들이 쾌감을 극대화시키는 선택을 한다는 것을 증명할 수 있다고 믿었다. 그러나 행복이나 효용을 측정하는 실질적인 방법이란 존재하지 않는데, 이것이 의미하는 것은 경제학자들이 어떤 것의 효용으로 그것을 선택한 사람들의 성향을 보여주기만 했다는 것이다. 예를 들면, 사람들이 배보다 자동차를 사는 데 돈을 쓰고 싶어 한다면, 그것은 자동차가 배보다 더 큰 효용을 주기 때문이라고 경제학자들은 말한다. 이는 결

코 심리학에 적합한 가설이 될 수 없을뿐더러 제대로 된 설명도 아니다. 자동차의 효용이 더 크다는 것이 사람들이 자동차를 택하는 이유를 설명해줄 수는 없다. 왜냐하면 자동차가 가진 더 큰 효용은 사람들이 자동차를 택하는 성향으로 정의되기 때문이다. 따라서 경제학자들이 말하는 행복(즉, 효용)은 부족한 자원을 나눌 때 사람들이 택하는 행태를 예측하기 위한 편의상 도구에 불과하다.

때때로 "예를 들어, 사람들이 많은 여가시간보다 많은 돈을 택한다면, 분명 돈이 많은 것이 여가시간이 많은 것보다 사람들을 더 행복하게 만들기 때문이다. 그렇지 않다면 사람들은 그런 선택을 하지 않을 것이다"라는 주장을 들을 수 있다. 여기서 '행복'은 행태상의 선호주어진 선택대상 중 하나를 택하는 성향-옮긴이를 의미하는데, 행태상의 선호란 개념은 두 결과 즉, 많은 돈을 택하는 것과 많은 여가시간을 택하는 과정에 개입된 실질적인 감정에 대해선 아무것도 말해주고 있지 않다.

행태상의 선호를 의미하는 이러한 행복의 개념은 어떤 것을 선택하는 사람들의 성향을 묘사할 뿐이다. 행복의 개념을 이런 식으로 사용하는 것은 일상적으로 말하는 행복의 개념과 아주 다르다. A가 B보다 사람들을 더 행복하게 만들지 않

는데도 불구하고, 사람들이 A를 선택하는 데는 수많은 이유
가 있다. 예를 들면, 자신이 A를 얼마나 즐길 수 있는지 잘못
예측했다든가, A를 선택해야 할 어떤 도덕적 의무를 느꼈다
든가, 아니면 다른 모든 사람이 A를 선택하고 있기 때문이라
든가 등등 수많은 이유로 A를 선택할 수 있는 것이다.

세 가지 행복 중 어떤 것이 우리의 논의에 정말 의미 있는
가? 우선, 행복에 대한 세 가지 개념들은 어느 정도는 과학적
연구에 적합하다고 할 수 있다. 원칙적으로 1단계 행복은 객
관적으로 측정될 수 있다. 우리는 쾌감을 낳는 심리적 기제나
뇌 영역을 살펴보게 될 것이고(다섯째 장 〈원하는 것과 좋아하
는 것〉 참조), 그것의 활동상황을 객관적으로 측정할 수 있을
것이다. 적어도 1단계 행복에서는 사람들이 자신의 행복에
대해 주관적으로 평가하는 것이 절대적인 의미를 갖는다. 만
약 사람들이 기쁨을 느꼈다고 말한다면 그것을 그대로 받아
들여야 하며, 그런 반응을 데이터 점수로 기록할 수 있다. 정
도는 덜하지만 2단계 행복도 마찬가지다. 2단계 행복의 경우,
사람들이 각자 자신의 행복을 판단할 때 사용하는 비교기준
이 달라 혼란이 있을 수 있지만, 2단계 행복에 대한 사람들의
자체평가는 과학적 연구를 위해 여전히 중요하고 적절한 객

관적인 데이터가 된다.

3단계 행복은 쉽게 측정할 수 없다. 이미 살펴본 바와 같이, 3단계 행복을 평가하기 위해서는 어떤 삶이 좋은 삶인지, 그리고 사람들이 어느 정도 그런 삶을 달성했는지 판단해야 한다. 심리학자 캐럴 리프Carol Ryff와 연구팀은 인간의 '심리적 웰빙'은 단순한 2단계 행복보다 더 광범위한 일련의 요소들을 포함하고 있다고 주장했다. 이런 일련의 요소들에는 '즐거움'과 '고통 없는 삶'은 물론이고 개인적인 성장, 삶의 목적, 자신을 둘러싼 환경에 대한 지배, 자발성 등 보다 광범위한 요소들이 포함된다. 심리적 웰빙이라는 리프의 개념에 포함된 이런 보다 광범위한 요소들은 그보다 협소한 개념의 행복과 서로 연관되기도 하지만, 그 연관성은 아주 희박하다. 왜냐하면 심리적 웰빙 수준은 높지만 2단계 행복 수준은 낮거나, 반대로 심리적 웰빙 수준은 낮지만 2단계 행복 수준은 높은 사람이 있을 수 있기 때문이다.

리프의 연구는 설득력이 있지만, 관념상 행복의 심리적 개념과 도덕적 입장 사이에 혼동이 있을 수 있다. 예를 들면, 리프는 "역사상 추하고 정의롭지 못한, 또는 무의미한 삶을 살았지만, 그럼에도 불구하고 행복했던 사람이 수없이 많이 존재한다"라고 말한다. 이 말은, 아름다움이나 목적을 희생해 얻은 2단계 행복이란 그 자체로 비난받아 마땅한 편협한 목표라는 의미를 내포하고 있다. 기실, 아름다움이나 목적 같은 것들은 다소 어렵고 도전적인 목표이기 때문에 그런 목표를 추구하기 위해서는 단기적인 행복은 다소간 희생해야 한다.

그러나 내 입장을 밝히자면, 만약 어떤 사람의 삶이 추하거나 의미 없음에도 불구하고 그가 그런 삶을 즐긴다면 그에게 다른 삶을 살라고 강요할 수는 없다는 것이다. 만약 내가 그렇게 요구하면, 그것은 나만의 평가지침을 강요하는 것이며 그럼으로써 객관적이어야 할 학문을 전문가의 전횡에 넘기는 꼴이 된다. 자신의 삶을 정말 즐기는 사람은 아주 운이 좋은 사람이며, 자신의 편협함으로 인해 비난받거나, 특권의식을 가진 학자들로부터 소설을 써보라는 권고를 받는 일만 감수하면 된다. 그러나 많은 사람들에게 2단계 행복이 전부가 아니라는 리프의 주장은 옳다.

리프는 그녀가 연구하고 있는 '심리적 웰빙'을 '행복'이라고 말해서는 안 된다고 조심스럽게 강조한다. 다른 사람들은 그 용어의 차이에 그리 주의를 기울이지 않고 있다. 이는 특히 긍정심리학positive psychology의 경우에 그렇다. 긍정심리학은 전통적인 심리학이 장애, 실패, 나약성, 우울증, 근심, 중독 등 부정적인 측면을 강조한 데 대한 자기반성으로 수년 전 주로 북미지역을 중심으로 발생했다. 긍정심리학은 행복과 같이 좋은 것들, 용기, 목적, 그리고 좋은 기분 등을 연구하기 위한 체계적인 틀을 마련해보자는 문제의식에서 등장했다. 긍정심리학은 심리학의 방법론적 엄격성과 서점의 자기수양서 코너에 국한된 정신치료법의 결합을 모색한다는 측면에서 하나의 흥미로운 시도다.

예를 들면, 긍정심리학은 '플로우'flow라고 알려진 상태에 많은 관심을 보여왔다. 플로우란 한 사람이 능력의 한계점까지 자신의 능력을 발휘할 수 있는 어떤 도전적인 일에 완전히 '몰입'해 있는 상태를 말한다. 암벽 등반가, 음악가, 그리고 육상선수들은 상대적으로 자주 플로우 상태에 빠지지만, 그 외에도 플로우 상태에 빠질 수 있는 방법은 많고, 우리는 삶 속에 더 많은 플로우를 불어넣을 수 있는 방법을 찾을 수 있다. 긍정심리학이 제시하는 또 다른 처방은 삶의 의미, 정신적 숭고함, 그리고 보다 차원 높은 목적을 추구하는 것이다. 긍정심리학의 주장에 따르면, 최고선을 의미하는 '수멈 보우님'summum bonum: supreme good은 자기목적적인 개성을 개발시킨

다. 자기목적적인 사람은,

물질적인 재산, 오락, 안락함, 권력이나 명예를 별로 원하지 않는다. 왜냐하면 그는 자신이 하고 있는 많은 일을 통해 이미 충분한 보상을 받고 있기 때문이다. (…) 다른 사람들에게 무미건조하고 의미 없는 일상을 살아가게 만드는 동기를 제공하는 외적 보상은 이들에게는 별 의미가 없다. 이들은 보다 자율적이며 보다 독립적이다. 왜냐하면 이들은 외부의 위협이나 보상에 쉽게 영향 받지 않기 때문이다. 동시에 이들은 주변의 모든 일에 더 많이 관여하는데, 그것은 이들이 삶의 흐름에 완전히 몰입해 있기 때문이다.

이런 형태의 자기목적적인 삶이 금욕적인 프로테스탄트의 삶과 비슷한 것이라 해도 나는 플로우, 목적, 그리고 자기목적적인 개성이 추구할 가치가 있는 좋은 것이라는 데 동의한다. 재미있는 것은 이 중 어느 것도 일반적인 의미의 행복과 큰 관련이 없다는 것이다. 살면서 많은 플로우를 가진 사람들은 지루함을 느끼거나 무감각한 삶을 살지는 않는다. 그러나 이들은 얼마나 행복하냐는 질문에 다른 사람들보다 더 행복하다고 대답하지 않는다. 기실, 이들은 아주 불행해할 수도 있다. 음악가, 미술가, 작가와 같이 플로우가 높은 직업에 대한 연구결과에 따르면 이런 직업을 가진 사람들은 일시적으로 우울증이나 탐닉에 빠질 뿐 아니라 불만이 많은 경향을 보이는데, 이런 불만은 이들이 자신의 업을 추구하는 모멘텀으로 작용한다. 이에 비해 2단계 행복에서 매우 행복한 사람들에 관한 연구에 따르면 '자율적이고 독립적'인 것과 거리가 먼 이런 사람들은 대부분 사회적으로 외향적인 사람들이었다.

자기목적적인 삶을 추구하라는 처방이 보다 좋은 기분을 느낄 수 있게 도와주는 조언인지, 아니면 하나의 도덕적인 입장인지는 애매하다. 미하이 칙센트미하이Mihalyi Csikszentmilhalyi는 이 주제에 대한 그의 고전적인 저작《잘산다는 것: 일상생활에 관한 심리학Living Well: The Psychology of Everyday Life》에서 이 문제를 다음과 같이 도덕적으로 설명하고 있다.

다른 조건이 동일하다면, 복잡한 플로우 활동으로 가득 찬 삶이 수동적인 오락에 열중하는 삶보다 더 가치 있다.

한 사람의 삶이 다른 사람의 삶보다 더 가치 있다는 판단은 논란의 여지가 많다. 왜냐하면, 칙센트미하이가 신중하게 밝힌 것처럼, 플로우로 가득 찬 삶은 수동적인 오락을 탐닉하는 삶보다 더 가치 있을지는 모르지만 '더 행복한 삶'이라고 말할 수는 없기 때문이다. 그러나 칙센트미하이의 책 표지담당 편집자는 신중하지 못하게 책 표지에 "칙센트미하이는, 인간은 플로우 상태에서 활동하고 있을 때 가장 창조적이고 가장 보람을 느끼며 그리고 *가장 행복하다고 주장한다*"라는 문구를 넣었다(이탤릭체는 저자 대니얼 네틀의 강조—옮긴이).

이와 비슷한 긴장이 여러 면으로 긍정심리학을 정의하고 있는 마틴 셀리그만Martin Seligman의 저서 《진정한 행복Authentic Happiness》에서도 발견된다. 제목과 달리 이 책은 2단계 행복을 증진시키는 것에 관한 것은 아니다. 셀리그만은 사람들이 긍정적인 감정을 느끼는 것은 부분적으로는 그 사람의 기질에 의해 결정되며, 즐거움은 습관화일정한 시간이 지나면 더 큰 즐거움을 느껴야 그전과 비슷한 수준의 느낌을 얻을 수 있게 된다는 것—옮긴이되는 경우가 많기 때문에 좋은 삶의 원천이 될 수 없다고 믿고 있다. 따라서 셀리그만은 즐거움이나 2단계 행복 대신 다른 선善, 즉 만족, 플로우, 지혜, 정의, 정신적 숭고함을 추구해야 한다고 주장한다. 왜냐하면 이런 것들이 반드시 좋은 감정을 낳기 때문이 아니라 본래 가치 있는 것이기 때문이다. 이는 거의 반박할 수 없는 결론이다. 그러나 행복과는 다르고, 또 그 가치의 바탕을 행복에 두고 있지 않은 일련의 선善들이 '진정한 행복'에 결정적인 요소라고 주장하는 것은 좀 이상하다. 셀리그만은 다음과 같은 용어에 대한 개념정의를 통해 이런 주장을 명확히 하려 한다.

나는 '행복'과 '웰빙'이라는 용어를, 긍정적인 감정과 (…) 그리고 전혀 감정적인 요소를 포함하고 있지 않은 긍정적 활동 모두를 포괄하는, 전체 긍정심리학 연구의 목표들을 기술하는 가장 중요한 말로 사용하고 있다. (…) 행복과 웰빙은 때론 감정에 관해 언급하지만, 또 때로는 전혀 아무런 느낌이 없는 활동에 대해서도 언급한다는 점을 인식하는 것이 중요하다.

삶에는 행복 이상의 것이 있다는 셀리그만의 지적은 옳지만, 그의 개념정의는 문제를 더 혼란스럽게 만들고 있다. 그가 제안한 것은 인간 선 전체를 포함하고 있는 3단계 행복이다. 그러나 이는 일상적 의미의 행복을 벗어난 것이다. 서점에서 셀리그만의 책 《진정한 행복》을 뽑아든 사람들은 정녕 '감정적 요소가 없는' 행복을 기대했을까? 그렇지 않았을 것이다. 왜냐하면 우리는 직관적으로 우리의 감정을 행복의 핵심요소라고 보기 때문이다. 그리고 만약 행복이 좋은 기분을 주지 않는 일을 포함하는 것이라면, 그 일이 '긍정적인 것이든 아니든' 간에 도대체 누가 그 일을 할 것이란 말인가? 하나의 도덕적인 평가 틀이 행복이라는 심리학의 핵심주제에 묻혀 슬며시 들어오는 형국이다.

따라서 몇 개의 잠정적인 결론에 도달할 수 있다. 첫째, 사람들이 행복에 대해 말할 때, 그것은 일반적으로 긍정적인 느낌을 가진 상태(1단계 행복), 또는 느낀 감정에 대해 긍정적인 판단을 할 수 있는 상태(2단계 행복)를 의미하는 것이다. 이 책은 이런 의미의 행복, 즉 1단계와 2단계 행복에 초점을 맞출 것이다. 행복이 다른 인간의 가치와 선을 포함하는 훨씬 광의의 개념으로 정의된다면, 행복의 개념은 비논리적인 것이 될 것이다. 왜냐하면 이런 의미의 행복으로도 포함할 수 없는 또 다른 중요한 인간 선이 있기 때문이다. 이는 리프, 셀리그만, 칙센트미하이 모두가 지적했던 바이다. 사람이 무엇을 택하든 그것이 그를 가장 행복하게 해준다는 경제학적인 가정을 해서도 안 된다.

두 번째 결론은 사람들이 행복에, 그리고 특히 행복을 증진시키는 방법에 사로잡혀 있다는 것이다. 아마도 이것이 칙센트미하이의 책 표지 편집자가 플로우에 관한 책 한 권을 팔기 위해 '행복'이란 용어를 책 표지에 슬며시 집어넣고, 셀리그만이 그의 책을 '좋은 삶'이 아니라 '진정한 행복'이라고 이름 붙인 이유일 것이다. '진정한 행복'이란 말은 매력적으로 들리고, '좋은 삶'이란 말은 가치 있게 들린다. 이는 개인의 쾌락에 초점을 맞춘 우리 문화의 개인주의적인 풍토를 반영하는 것이며, 뒤에 주장하겠지만 우리가 가진 감정의 중요한 보편적 특징을 나타내는 것이다.

행복의 실체는 무엇인가?

행복은 일반적으로 긍정적인 상황을 말하는데, 이는 기쁨이나 즐거움 같은 1단계 행복의 경우에 특히 그렇다. 부정적인 감정과 긍정적인 감정 사이에는 몇 가지 흥미로운 차이가 있다. 톨스토이는 긍정적인 감정은 모두 서로 비슷하지만, 부정적인 감정은 모두 서로 다르다고 말했다. 즉, 각각의 부정적인 감정은 어떤 형태의 문제가 발생했으며 어떤 해결책이 좋은가에 대해 각각 특정한 스키마schema: 내용을 정리하고 체계화시키는 틀를 갖고 있다. 〈도표 5〉에서 그 사례를 검토해보자. 각각의 부정적인 감정은 특정 상황 또는 스키마에서 발생하며, 그 스키마를 없애기 위해 각각의 부정적인 감정을 치료하는 데 효과를 보이는 특정한 치료법을 사용한다.

부정적인 감정에 있어서 각각의 감정프로그램이 하는 기능은 매우 구체적이고 다른 것과는 전혀 다르다. 각각의 부정적인 감정들은 공통적으로 '나쁜 일이 벌어졌다'고 말하지만, 택하는 치료법은 각각 다르다. 바로 이것이 우리가 아주 다르게 느껴지는 몇 개의 부정적인 감정을 갖는 이유다. 에크만이 제시한 여섯 가지 기본 감정(분노, 공포, 혐오, 슬픔, 기쁨, 놀라움) 중 네 가지는 부정적인 것이고, 오직 한 가지만 긍정적인 것임을 기억하자.

반면에 기쁜 감정은 '좋은 일이 벌어졌다'고 말한다. 그리고 그에 대한 적절한 치료법은 그저 '아무것도 바꾸지 말고 그대로 두라'는 것이다. 기쁨의 원인과 강도는 다를 수 있지만, 기쁜 감정은 모두 동일한 스펙트럼에 속한다. 왜냐하면 여기서 할 일이란 아무것도 바꾸지 않고 그대로 두는 것뿐이기 때문

〈도표 5〉 네 가지 부정적인 감정과 그런 감정을 불러일으킨 스키마, 그리고 부정적인 감정들이 택하는 치료법

감정	스키마(특정 상황)	치료법
공포	계속되는 위험	이탈과 도피
분노	규범 또는 합의사항에 대한 타인의 침해	주먹을 휘두르거나, 언론사에 기고하는 등의 행동을 통해 추후 있을 침해를 방지
슬픔	가치 있던 의존대상의 상실	상황이 좋아질 때까지 기력을 아끼고 신중하게 처신하기
혐오	오염 가능성	뱉어내거나 피하기

이다. 따라서 우리는 행복 또는 기쁨을 우리에게 좋은 변화를 추구하는 하나의 프로그램, 다른 관심과 목적을 제쳐두고 우리로 하여금 좋은 일에만 초점을 맞추게 하는 하나의 프로그램으로 볼 수 있다. 어떤 좋은 소식을 듣고 기쁨에 들떴을 때 다시 지루한 일상으로 돌아가려고 시도해보면 이런 가설이 옳다는 것이 확인된다. 그런 상황에서 지루한 일상으로 다시 돌아가기란 쉬운 일이 아니다.

여기서 긍정적인 감정과 부정적인 감정 사이의 또 다른 차이가 발생한다. 부정적인 감정들은 매우 지속적일 수 있다. 공포의 원인을 치료하지 않으면 만성적인 공포 속에 살 수도 있는 것이다. 반면, 오랫동안 떨어져 지내던 사촌이 집에 찾아오면 처음엔 기쁘긴 하겠지만, 그가 집에 머무르는 내내 그런 기쁨을 유지할 수는 없다. 기쁨은 그것을 유발한 장본인이나 대상이 계속 존재한다 해도 점차 사라진다.

만약 우리가 좋은 일에 집중할 수 있도록 다른 일에 관심을 갖지 않게 하는 기쁨프로그램이 있다 해도, 잠시 후 그런 기쁜 감정이 차단되지 않으면 기쁨프로그램은 매우 역기능을 일으킨다. 즉, 기쁜 감정이 차단되지 않으면 곧 지쳐버리거나 배고파지게 될 뿐만 아니라, 공격해 오는 약탈자에 제대로 대처할 수도 없다. 따라서 잘 설계된 기쁨프로그램은 기쁨을 서서히 없애면서 다른 프로그램들이 작동되도록 해야 한다. 발생한 감정에 익숙해지는 이런 습관화 현상은 부정적인 감정에서도 발생하지만, 긍정적인 감정에서 더욱 빠르고 현저하다. 따라서 공포의 경우 동일한 상황에 대해 종전과 비슷한 수준의 공포를 느끼지만, 기쁨의 경우 동일한 상황에 대해서는 종전보다 느끼는 기쁨의 정도가 약해진다.

기쁨의 원천은 아주 다양하다. 최근의 한 연구는 그 주요 원천으로 친구들과의 교제, 음식, 음료수, 섹스, 그리고 어떤 분야에서의 성공을 들고 있다. 진화심리학적 관점에서 볼 때, 이런 일들은 우리 조상들의 종족보존 능력을 의미하는 존재적합성 또는 생존능력을 높여주었던 일이며, 그런 일들을 하기 위해 다른 일들은 잠시 제쳐둘 정도로 가치가 있었던 것들이다.

깨어 있는 내내 기쁨으로만 가득 차 있는 것은 심신을 피곤하게 하는 일이다. 게다가 그렇게 지내려면 마약이나 엄청난 돈이 있어야만 가능하다. 더욱이 우리 대부분의 경우, 보다 커다란 인생의 과제는 기껏해야 이따금씩만 발생하는 기쁨을 느끼는 것이 아니라 전반적으로 만족스러운 행복을 느끼는 것이다. 대부분의 심리학 연구들과 이 책에서 관심을 갖는 것은 심리학자들이 '주관적 웰빙'이라고 부르는 2단계 행복이다. 주관적 웰빙의 핵심요소는 '삶에 대한 만족'이다. 삶에 대한 만족은 "전반적으로 당신의 삶은 얼마나 행복하십니까?" 또는 "전반적으로 당신의 삶에 얼마나 만족하십니까?"라는 질문에 대답할 때 갖게 되는 느낌이다.

이런 질문에 대한 대답은 "일반적으로 얼마나 행복하다고 느낍니까?"라는 질문에 대한 대답과 아주 밀접한 관련이 있다. 기쁨의 경우, 직접 자신을 들여다보고 자신이 얼마나 기쁨을 느끼고 있는지 알 수 있다. 그러나 만족은 과거의 경험, 기대했던 상황, 또는 타인과의 비교 등을 통해 간접적으로 평가된다. 바로 이것이 "얼마나 만족하다고 느낍니까?"라는 질문에 사람들이 자연스럽게 "무엇에 대해 말이요? 다른 질문은 없소?"라고 반응하는 이유다. 또한 이것이 삶의 만족도에 대한 자기평가가 상황에 따라 아주 달라지는 이유이기도 하다.

예를 들면, 한 연구에서 실험대상자들에게 삶의 만족도에 대한 질문을 하기 직전 복사기에 숨겨둔 10센트짜리 동전을 찾도록 했다. 그 결과 방금 10센트를 찾아낸 사람은 그러지 못한 사람보다 '그들의 삶 전체에' 더 높은 만족감을 느낀다고 답했다. 이와 같은 방식을 응용하면 가장 싸게 먹히면서도 가장 효과적인 공공정책을 수립할 수도 있다. 선거가 치러지는 해에 많은 선심성 정책이 집중되는 것도 바로 이런 심리를 이용하는 것이다.

그러나 실험대상자들 모두가 복사기에서 10센트를 찾을 것이라고 기대했다면 이런 효과는 발생하지 않는다. 긍정적인 감정은 기대했던 것보다 일이 더 잘 풀렸을 때 발생한다. 이 실험에서 삶의 만족도에 대한 질문은 구체적이지 않았다. 따라서 아마도 실험대상자들은 자신의 현재 감정상태를 삶의 만족도를 평가하는 기준으로 삼고, 10센트짜리 동전 하나를 찾아낸 데서 작은 기쁨을 발견했으며, 그래서 삶이 아주 잘 돌아가고 있다고 생각했을 것이다. 이와 비슷한 다른 많은 효과도 찾아볼 수 있다. 예컨대, 어느 화창한 날 또는 좋은 일이 생긴 직후, 아니면 그저 멋진 방에 있을 때 사람들에게 물어보면, 별로 즐겁지 않은 상황에서 질문을 받는 것보다 사람들은 삶에 약간은 더 만족한다고 대답한다. 반대의 경우는 위험하다. 예컨대, 어떤 일에 방금 좌절을 맛본 사람에게 말을 걸면, 그 사람은 지금까지 자신에게 좋은 일이 일어난 적이 없으며 전체적으로 삶이 잘못 돌아가고 있다고 말할 것이다.

따라서 삶의 만족도를 평가하는 데 있어 근원이 되는 것은 사람들이 현재 느끼고 있는 기분이다. 구체적으로 말하면, 사람들은 현재의 기분이 삶의 만족도를 평가하는 데 적절하지 않다는 증거가 없는 한, 삶의 만족도를 평가할 때 현재의 기분을 고려한다는 것이다.

노베르트 슈바르츠Nobert Schwarz와 연구팀은 한 연구를 통해 이런 논지를 입증해 보였다. 연구팀은 화창한 날 또는 비오는 날, 사람들에게 전화를 걸어 삶의 만족도에 대해 물어보았다.

실험자들이 날씨를 언급하지 않고 날씨에 대한 관심을 유도하지 않으면 화창한 날일수록 사람들의 만족도가 더 높았다. 그러나 날씨가 어떤지 물어서 일단 날씨를 언급하면, 사람들은 날씨가 현재 자신의 기분에 영향을 미칠 수 있다는 것을 깨닫고 전체적인 삶의 만족도를 평가하는 데 날씨 요인을 고려하여 적절한 조정을 했다.

이런 효과는 심리치료에서 유용하게 활용된다. 예컨대, 인생에 도통 되는 일이 없다고 느끼는 사람이 있다고 가정해보자. 심리치료사는 그 사람이 단지 특정한 한 가지 일에만 문제가 있으며, 그가 느끼고 있는 부정적인 기분은 전반적인 삶에 문제가 있어서가 아니라 바로 그 특정한 일에 문제가 있기 때문이라는 사실을 환기시킴으로써 그 사람을 심리적으로 치료할 수 있다.

만족(2단계 행복)과 감정적인 느낌(1단계 행복) 사이의 관계에 관한 영향력 있는 한 견해에 따르면, 만족이란 살면서 느낀 긍정적인 감정과 부정적인 감정의 양의 차이(다른 말로 즐거움과 고통의 양의 차이)이다. 긍정적인 감정의 양과 부정적인 감정의 양은 반비례하기 때문에 한 감정이 증가하면 다른 감정은 감소해야 한다고 생각할 수도 있지만, 사실은 그렇지 않다. 왜냐하면 부정적인 감정과 긍정적인 감정을 동시에 느끼는 것은 어렵지만, 우리는 빈번히 긍정적인 감정과 부정적인 감정을 동시에 느끼거나 긍정적인 감정과 부정적인 감정을 좀처럼 느끼지 못할 수도 있기 때문이다. 어떤 사람은 다른 사람에 비해 감정적 부침이 더 크기도 하다. 따라서 우리가 한 집단의 사람들에게서 나타나는 긍정적인 감정과 부정적인 감정의 빈도를 비교해보면, 두 감정의 양 사이에는 본질적으로 아무런 관련이 없다는 것을 알게 된다.

삶에 대한 만족도를 잘 측정하려면 사람들이 느낀 즐거움과 고통의 양의 차이를 측정하면 된다. 그러나 자신의 만족도에 대해 판단해달라는 요구에 대해 사람들이 단순히 더하기 빼기를 하는 것은 아니다. 예를 들면, 한 연구에서 실험대상자들에게 자신에게 발생한 세 가지 부정적인 사건 또는 긍정적인 사건에 대해 생각할 것을 요청했다. 한 번은 최근에 발생한 사건을 생각하도록 요청했으며, 또 한 번은 5년 전에 발생한 사건을 생각하도록 요청했다. 그런 후 이들에게 전반적인 삶의 만족도에 대해 물었다.

그 결과 최근의 부정적인 사건을 생각한 사람들은 최근의 긍정적인 사건을 생각한 사람들보다 만족도가 낮았다. 그러나 오래 지난 과거의 부정적인 사건을 생각한 사람들은 오래된 과거의 긍정적인 사건을 생각한 사람들보다 더 행복해했다. 이런 결과가 나온 것은 사람들이 가진 비교 또는 준거틀이 다르기 때문이다. 최근의 사건을 생각한 사람들은 현재의 삶을 평가할 때 최근의 사건들을 평가에 반영했다. 그래서 최근의 긍정적인 사건들은 그들을 더 행복하게 만들었고, 부정적인 사건들은 그들을 더 우울하게 만들었다. 과거의 사건을 생각한 사람들은 현재의 삶을 평가할 때 과거의 사건을 '하나의 비교수단'으로 활용했다. 따라서 과거의 긍정적인 사건들만 생각하면 현재가 다소 실망스럽게 보이기 마련이지만, 과거의 끔찍했던 일을 생각하면 갑자기 현재가 더 나아진 것처럼 보였다.

또 다른 경우, 타인의 삶 혹은 일어날 수도 있었던 다른 가능성이 준거틀이 되기도 한다. 한 유명한 연구에서, 이성의 모델사진을 보여주기 전과 후에 각각 배우자에 대해 얼마나 만족하는지 사람들에게 물었다. 충분히 예측할 수 있는 일이지만, 특히 남자의 경우, 여성모델을 (최소한 사진으로나마) 가질 수 있다는 생각 때문에 실제 배우자에 대한 만족도는 낮아졌다. 올림픽에서 동메달을 딴 사람은 은메달을 딴 사람보다 더 높은 만족도를 보인다. 동메달리스트는 자연히 가까스로 모면하게 된 노메달 상황과 비교한다. 그런데 은메달을 딴 사람은 자연히 자신이 놓쳐버린 금메달과 비교하게 된다.

자신의 위치에 대한 생각이 삶에 대한 느낌을 좌우한다. 멩켄H. L. Mencken이 말한 것처럼 "사회적으로 은근히 비교대상이 되는 동서同壻보다 100달러라도 더 벌어야 부자"다. 사람들 대부분은 다른 사람들이 25만 달러를 버는 세상에서 10만 달러를 버느니, 다른 사람들이 2만 5천 달러를 버는 세상에서 5만 달러를 버는 편을 택할 것이다. 더욱이, 사람들의 최저생계비 개념은 물가상승이 아니라 임금상승에 따라 매년 높아진다.

우리의 행복, 혹은 불행 뒤에 숨어 있는 심리

우리 마음속의 공포프로그램은 우리에게 해를 끼칠지도 모르는 것을 피하도록 만들어진 것이다. 만약 우리가 행복에 대해서도 비슷한 주장을 한다면, 우리는 생물학적 견지에서 우리로 하여금 좋은 것들(짝짓기, 좋은 음식, 쾌적한 환경)을 계속 추구하게 하고 나쁜 것들을 멀리하게 만드는 것, 즉 행복시스템이란 것이 있다고 말할 수 있다. 행복시스템이란 우리가 귀금속에 다가갈수록 점점 더 멋진 소리를 내고 보물이 있는 장소에서 멀어질수록 점점 더 불쾌한 소리를 내는 금속탐지기와 같은 것이다. 이처럼 우리는 이러한 금속탐지기와 비슷한 행복시스템에 기초해 행동을 결정한다.

행복이 행복시스템에 따라 작동하는 것이라면, 우리는 그 시스템이 어떤 능력을 갖고 있을 것이라고 생각할 수 있다. 우리의 행복시스템이 완벽한 것이라면, 우리는 과거에 경험한 좋은 일이나 나쁜 일이 어떤 기분을 들게 했는지 정확히 기억할 수 있어야 한다. 그래야 우리는 나중에 그런 경험을 피할지 받아들일지 선택할 수 있다. 또한 행복시스템이 완벽하다면, 우리는 어떤 선택을 할 경우 얼마나 더, 또는 덜 행복할 것인지 정확히 예측할 수 있어야 한다.

그러나 우리는 그렇게 하지 못한다. 몇몇 연구에 따르면, 사람들은 인생의 변화가 자신의 행복에 미치는 영향을, 그것이 좋든 나쁘든 간에, 과대평가하는 경향이 있다. 이를테면, 수십억 원의 복권이 당첨된 사람도 보통 사람들보다 전혀 행복하지 않고 오래지 않아 원래의 행복수준으로 돌아가고 만다. 이런 일이 발생하는 것은 '적응현상'phenomenon of adaptation 때문이다. 적응현상이란 우리가 새로운 환경이나 상황에 잘 맞추는 것을 말하는데, 중요한 것은 우리가 미래의 행복에 대해 생각할 때 적응현상이 발생하리라는 것을 종종 예측하지 못한다는 것이다.

적응은 이른바 '기득효과'endowment effect: 자신이 가지고 있는 것을 좀더 높이 평가하는 것라는 부작용도 갖고 있다. 기득효과 때문에 우리는 A라는 것 없이도 예전에는 오랫동안 아주 잘 살아왔다는 사실을 잊고, 지금은 A가 없으면 정말 살기 힘들 것이라고 생각한다. 예컨대, 10만 달러의 연봉을 받던 사람이 20만 달러의 연봉을 받게 되면 10만 달러로 꾸려가던 삶에서 20만 달러로 꾸려가는 삶으로 바뀌게 되고, 그렇게 바뀐 삶에 적응하게 되면, 이제 다시 10만 달러로 살기는 힘들어지는데 이 것이 적응의 부작용인 기득효과다.

기득효과의 또 다른 예를 보자. 한 실험에서 실험대상자들은 머그잔과 약간의 돈 중 하나를 선택할 수 있는데, 이들에게 얼마의 돈을 주면 머그잔을 포기하고 돈을 택할지 물었다. 이때 실험대상자들은 평균 3.5달러면 머그잔 대신 돈을 택할 것이라고 답했다. 그런 후 이들에게 가져도 좋다는 조건으로 머그잔을 주었다. 그러고 나서 이제 얼마의 돈을 주면 머그잔을 돌려주겠냐고 물었다. 그러자 실험대상자들은 이제 평균 7.12달러는 받아야 머그잔을 돌려주겠다고 답했다. 이 두 상황에서 사용된 머그잔은 똑같은 것이었다. 돈 액수가 머그잔의 효용을 나타내는 지표로 볼 수 있으므로, 실험참가자들은 머그잔을 이미 갖게 된 경우, 그 머그잔이 삶을 두 배 이상 좋게 만든다고 믿는 듯했다. 즉, 처음 머그잔이 자기 것이 아닐 경우엔 머그잔의 가치를 3.5달러 이하로 여긴 반면, 머그잔을 갖게 된 후에는 그 가치를 7.12달러로 평가하고 있으므로, 머그잔이 자기 것이 된 경우엔 머그잔이 자기 것이 아닌 경우보다 그 가치를 두 배 이상으로 평가하게 된 것이다.

어떤 일이나 사물이 주는 행복감에 기초해 선택을 하는 우리의 경향도 그렇다. 과거의 행복은 어떠한가? 과거의 경험이 얼마나 기분 좋은 것이었는지 또는 나쁜 것이었는지 회상할 때, 그에 대한 우리의 판단은 대체로 두 가지 요인의 평균에 좌우된다. 첫 번째 요인은 쾌감이나 고통이 그 극치점peak moment에서 얼마나 좋았느냐 혹은 나빴느냐 하는 것이며, 두 번째 요인은 쾌감이나 고통의 끝end은 얼마나 좋았느냐 혹은 나빴느냐 하는 것이다. 경험한 쾌감 혹은 고통의 총량은 종종 무시된다. 이와 같이 경험한 쾌감과 고통의 총량이 무시되는 효과는 노벨상 수상자인 행태과학자 대니얼 카너먼Daniel Kahneman과 그의 동료들의 연구에서 분명히 드러난다. 실험참가자들은 한 손을 계속 차가운 물에 담그고 있는 매우 불쾌한 일을 했다. 한 번은 섭씨 14도의 물에 60초간 손을 담그게 했고, 또 한 번은 14도의 물에 60초간 손을 담근 후 물의 온도를 15도로 높여 30초 더 손을 담그게 했다. 몇 분 후, 둘 중 어느 것을 다시 하겠냐는 질문에 실험대상자 대부분은 (고통의 총량이 많은) 후자를 택했다!

(1) 손을 찬물에 담그는 것은 매우 불쾌한 일이고, (2) 이 일을 계속할수록 기분은 더 나빠지며, (3) 15도의 물도 여전히 차갑다는 것을 유념해야 한다. 그런데 왜 실험대상자들은 고통의 총량이 많은 후자를 택하고 있는가? 두 번의 시도 모두 극치점은 14도로 똑같이 고통스러운 것이었다. 그러나 후자의 경우, 끝에 가서는 극치점보다 약간 덜 고통스러워졌고, 따라서 극치점과 끝에서 느끼는 고통의 평균이 전자의 경우보다 낮았던 것이다. 그러나 사람들이 고통의 총량이 적은 것이 아니라 고통의 총량이 많은 것을 택했다는 사실은 여전히

문제로 남는다. 관련된 임상연구에서 카너먼 팀은, 결장환자들이 단기적으로 정말 고통스럽지만 한 번에 끝나는 치료법이 아니라, 단기적으로 정말 고통스럽지만 시간이 갈수록 고통이 완화되는 치료법을 택했다는 사실을 발견했다.

여기서 의미하는 행복의 법칙은 기실, 보다 낮은 정도로 즐거움이 더 오래 지속되는 일을 택하면 즐거움의 총량을 극대화시킬 수 있는데도 우리는 극치점이 높거나 끝까지 즐거움을 주는 일에 자주 매료된다는 것이다. 후자와 같은 일(예를 들면, 밤샘파티)은 쾌감의 극치와 끝의 평균치에서 볼 때 더 큰 심리적인 영향을 미치지만, 전자와 같은 일(좋은 소설, 또는 새로운 능력 습득)은 그 순간들을 모두 합하면 보다 지속적인 행복을 준다.

카너먼은 이와 같은 결과들을 가지고 객관적 행복과 주관적 행복을 구분한다. 모든 행복이 본래 주관적인 것이라는 점을 감안하면, 이는 좀 이상한 구분으로 보인다. 그러나 카너먼이 의도한 것은 1단계 행복을 경험하는 것은 일종의 행복의 기초자료, 즉 순간순간 우리의 기분이 얼마나 좋고 나쁜지에 관한 자료를 제공해준다는 것이다. 만약 우리가 그동안 얼마나 행복했는지 2단계 판단을 하고자 한다면, 기쁨과 고통을 느낄 때마다 두들겼던 계량기(행복계량기!)를 통해 모아두었던 이런 1단계 자료들을 합해보기만 하면 된다. 그 계량기는 우리의 주관적 경험을 객관적으로 합산한 것이 될 것이다.

우리가 지금 얼마나 행복하고, 그동안 얼마나 행복했으며, 앞으로 얼마나 행복할지에 대해 생각할 때 우리가 실제로 하는 일은 1단계 행복의 경험들을 이렇게 객관적으로 합하는 것보다 훨씬 더 조악한 일이다. 우리는 주관적인 경험에 대해 일종의 그럴듯한 추측 또는 주관적인 평가를 한다. 그런 추측은 '극치점—끝 법칙'peak-end rule, 현재 우리의 분위기, 우리의 비교 기준, 우리의 적응 정도에 대한 잘못된 예측 같은 것들에 의해 달라진다. 그렇게 되면 우리는 우리의 행동이 행복에 미치는 순수한 영향을 제대로 알 수 없고, 사실 우리를 더 행복하게 만들지도 않는 일을 선택하게 될지도 모른다. 이 책후반부에서 나는, 이런 결과가 나오는 것은 행복프로그램이 잘못되었기 때문이 아니고, 그렇게 되도록 행복프로그램이 설계된 때문이라고 주장할 것이다. 즉, 인간에게 있어서 행복프로그램의 목적은 인간의 행복을 증진시키는 것이 아니고 행복을 향해 계속 노력하도록 만드는 것이다. 그래서 행복프로그램은 2만 파운드를 받고 있는 것보다 3만 파운드를 받으면 훨씬 행복할 것이라고 말해주긴 하지만, 우리가 그 목표를 달성하자마자 3만 파운드를 받는 것은 영원한 행복을 위해 정말 필요한 4만 파운드에 더 가까워진 것이니 4만 파운드를 향해 노력하라고 속삭이며 우리를 부추기는 것이다.

지금까지 우리가 살펴본 여러 효과들(특히 비교효과와 적응효과)은 쾌락론뿐만 아니라 행복론에도 많은 중요한 의미를 갖고 있다. 이런 효과들이 의미하는 것은, 어떤 사람이 자신이 얼마나 행복한지 우리에게 말할 때, 우리는 그의 객관적인 삶이 아니라 그의 심리상태를 본다는 것이다. 마찬가지로 이런 효과들이 의미하는 것은, 삶의 커다란 불행이란 객관적인 상황이라기보다는 벌어진 일에 대해 잘못 생각했거나, 다른 요인의 영향을 받은 것, 또는 잘못된 비교를 했거나, 과거를 잘못 생각한 결과라는 것이다.

이런 효과들은 또한 우리가 사회적인 차원에서 다루어야 할 문제들을 제기한다. 예를 들면, 가판대의 잡지들은 성형수술한 슈퍼모델 사진과 유명인사와 함께 빙하스키를 즐기는 사람들에 관한 이야기를 가득 싣고, 이들의 유도, 체스, 카마수트라 같은 취미를 열거하고 있는데, 과연 이런 것들이 우리의 행복에 어떤 의미를 갖느냐 하는 것이다. 이런 모든 문제

들을 염두에 두면서 이제 무엇이 우리를 행복하게 만드는지
살펴보도록 하자.

Happiness

사랑과 일
Love and Work

무엇이 우리를
행복하게 만들까?

지그문트 프로이트Sigmund Freud는 행복의 기초는 '사랑과 일'이라고 말했다. 프로이트는 우리가 희망할 수 있는 최고의 삶은 "히스테리에 시달리는 고통에서 평범한 불행으로 전환하는 것"이라고 말하기도 한 행복비관론자였다. 이런 견지에서, 좋은 의사이기는 하지만 프로이트에게 좋은 삶을 위한 처방을 요청하는 것은, 나이지리아 속담처럼 대머리에게 헤어스타일에 대한 조언을 구하는 것과 같다. 그럼에도 불구하고 프로이트의 말은 그럴듯하고 좀더 살펴봐야 할 가치도 있다. 요컨대, 어떤 사람이 다른 사람에 비해 더 행복한가? 사랑하는 사람인가, 아니면 자신의 임무를 달성한 사람인가? 돈을 많이 버는 사람인가, 여가를 즐기는 사람인가? 아니면 보다 숭고한 목적에 자신을 바치는 사람인가?

이런 질문들은 모두 심리학 연구를 통해 검증할 수 있는 경험적 질문이다. 그러나 우리가 설문지를 돌리고 상관계수두 변수 간의 관계의 정도를 나타내는 수치—옮긴이를 찾기 전에 RIRORubbish In, Rubbish Out: 쓰레기를 유발하는 것을 들여온 만큼 쓰레기가 나오기 마련이다. 모든 결과엔 원인이 있다는 것-옮긴이 문제, 즉 사람들을 행복하게 만드는 것이 무엇인지를 검토할 필요가 있다. 첫 번째 장에서 우리는 사람들의 행복에 대한 평가는 상황효과와 인상관리에 달려 있다는 것을 살펴보았다. 그런데 만약 행복에 대한 평가가 상황효과와 인상관리만 반영한다면, 누가 행복한지에 대한 조사는 별 의미 없는 일이 된다.

이미 살펴본 바와 같이 대부분의 사람들은 자신을 어느 정도 행복하거나 아주 행복하다고 묘사한다. 따라서 사람들 간의 행복의 차이는 그리 크지 않다. 그럼에도 불구하고 평균 이상 행복하다고 말한 사람들 사이엔 설명해야 할 차이가 있다. 예를 들면, 5점 정도를 기록한 사람이 있는 반면 10점 가까이 기록한 사람도 있다. 삶에 대한 만족도가 현재의 기분상태와 여러 상황적 요인에 영향을 받기는 하지만, 그것 말고 우리가 찾아낼 수 있는 다른 진짜 원인이 있는 것 같다.

우선, 사람들에게 수개월 또는 수년에 걸쳐 여러 번 삶에 대한 만족도를 보고해달라고 요청했을 때, 그들의 대답은 (완전하지는 않았지만) 어느 정도 일관성이 있었다는 점에 유의해야 한다. 집단을 대상으로 조사했을 때 그 결과는 훨씬 더 일관성이 있었다. 더욱이 사람들의 자체평가는 친구와 가족들이 한 평가와 일정한 상관관계correlation가 있었고, 웃는 횟수와 같은 객관적인 측정치, 그리고 중립적인 관찰자의 평가와도 상관관계가 있었다. 또한 이번 장에서 살펴볼 내용은 다른 나라에서 행해진 여러 조사와도 상당히 일치하는 것으로 드러났다.

가장 놀라운 것은, 사람들이 자체평가한 행복은 건강과도 밀접한 관계가 있었다는 것이다. 한 연구에서 미국 수녀들의 삶을 연구한 바 있다. 수녀들은 수녀서품을 받을 때 자서전적인 스케치를 썼는데, 연구자들은 서품을 받을 때 수녀들이 얼마나 긍정적인 감정을 표현했는지 보기 위해 그 스케치를 읽었다. 그런 후 수녀들의 평균수명을 조사했다. 모든 수녀들이 서로 비교 가능한 식습관과 활동패턴, 그리고 결혼과 출산 경험을 갖고 있었기 때문에 이것은 아주 훌륭한 자연스러운 실험이라 할 수 있었다. 연구결과, 스케치에서 가장 긍정적인 감정을 표현한 수녀들 중 90%가 85세까지 생존하고 있었다. 반면 긍정적인 감정을 가장 적게 표현한 수녀들 중에는 단지 34%만이 85세까지 생존하고 있었다.

이 연구는 불행보다 긍정적인 감정이 육체 및 정신 건강에 더 좋은 영향을 미친다는 것을 밝혀낸 많은 연구 중 하나다.

이것은 행복과 건강, 두 변수가 단지 한 시점에서만 상관관계가 있는 것이 아니라, 시간이 경과해도 두 변수 간엔 상관관계가 있다는 것을 보여주는 연구다. 즉, 생의 한 시점에서 한 사람이 느끼는 행복을 통해 여러 해가 흐른 후, 그 사람의 건강상태를 예측할 수 있는 것이다. 물론 상관관계가 인과관계 causation는 아니다. 그리고 이런 연구결과 중 그 어느 것도 행복이 '그 자체로' 건강을 만들어낸다는 것을 입증하고 있지는 않다. 하지만 이런 연구들은 자신의 행복에 대한 사람들의 자체평가는 일시적인 것이 아니고 일관된 어떤 요인에 따른 것임을 보여주고 있다. 즉, 자신의 행복에 대해 어떤 평가를 하든, 그 평가는 대체로 정말 중요한 것(강인함, 스트레스, 일을 처리하는 스타일, 사회적 관계 등)과 관련이 있으며, 이런 것들은 또한 사람들의 수명과도 관련이 있다. 행복이 건강과 수명에 관련이 있다는 것이 바로 행복감을 연구하고 행복감을 고양시켜야 한다고 말하는 또 다른 이유이기도 하다.

요컨대, 행복에 대한 평가는 예측할 수 없고 변할 수 있다. 측정하고 싶은 모든 흥미로운 현상은 늘 그러하다. 그러나 행복에 대한 자기평가에는 어떤 일관성이 있다. 심리학자들은 행복과 같이 말로 표현할 수 없는 것을 측정할 때, 다음 두 조건을 충족시키면 대체로 만족해한다. 하나는 그것을 반복적으로 또는 다소 다른 방법을 사용해 측정했을 때, 나중에 얻은 결과가 처음에 얻은 결과와 유사해야 한다는 것이고('신뢰성 기준'이라 한다), 또 하나는 측정결과가 실제로 중요한 어떤 객관적인 결과와 관련 있어야 한다는 것이다('타당성 기준'이라 한다). 일반적으로 행복에 대한 자기평가는 이 두 가지 검증기준을 만족시킨다. 즉, 행복에 대한 자기평가에는 일관성이 있고, 건강 같은 객관적 요인과도 일관된 관계가 있다. 따라서 특히 조사의 규모가 크고 조사결과가 다른 집단에서도 똑같이 되풀이되는 경우에는 우리가 발견하는 패턴들을 진지하게 다룰 필요가 있다.

그렇다면 사람들은 왜 행복한가? 여기서 다시 첫 번째 장에서 논의한 NCDS 연구로 돌아가보자. NCDS 조사대상자들의 '삶에 대한 만족도'는 10점 만점에 평균 7.29였다. 동일 조사대상자들 가운데 여성은 평균 7.34점을 기록했으며, 남성의 평균은 7.23점이었다. 이것은 그리 큰 차이는 아니지만 통계학적으로 신뢰할 수 있다. 동일 조사대상 세대에 속하는 영국 여성들은 같은 세대의 남성들보다 약간 더 행복하다. 이것이 신문과 잡지에서 자주 주장하는 이른바 '남성의 위기'의 증거가 될 수 있는가?

그렇게 직접적으로 말할 수는 없을 것이다. 여러 연구에 따르면, 여성이 남성보다 더 많은 공포와 두려움, 더 많은 슬픔, 그리고 특히 더 많은 사회적 수치와 죄의식을 경험한다. NCDS 조사대상자를 대상으로 한 NCDS의 한 개별연구에서 진행한 '불쾌감 조사' 결과도 이를 뒷받침해준다. 이 조사에서는 살면서 느낀 부정적인 감정들, 즉 고통, 근심, 격한 감정, 자괴감 등에 관해 일련의 질문을 했는데, 조사결과에 따르면 여성들이 남성들보다 아주 높은 점수를 기록했다. 게다가 다른 여러 건강에 관한 연구와 마찬가지로 NCDS에서도 여성들의 우울증 치료 사례가 남성들보다 많았다.

그렇다면 어떻게 해서 여성들이 더 많은 고통을 받으면서도 더 행복할 수 있는가? 부정적인 감정을 느끼는 것은 긍정적인 감정을 느끼는 것과는 별개이며, 삶의 만족도는 이 두 감정 모두로부터 영향을 받는다는 사실을 상기하자. 따라서 여성은 남성보다 부정적인 감정뿐 아니라 긍정적인 감정도 더 많이 경험한다고 볼 수 있다. 사실이 그렇다는 연구도 여럿 있다. 여성의 감정이 보다 생생한 것이 여성이 실제 그렇게 느껴서 그런 건지, 아니면 그렇게 표현하는 것뿐인지(그리고 감정의 경우에 느낌과 표현이 완전히 분리될 수 있는지)에 대한 논란이 계속되고 있지만, 분명한 것은 어떤 의미에서 여성들은 남성들보다 약간 더 강렬하게 감정을 느낀다는 것이다.

돈이 행복의 열쇠일까?

돈으로 행복을 살 수 없다고 말하는 사람들은 어디서 행복을 찾아야 할지 모르는 이들이고, 그래서 계속 그렇게 말한다. 그렇다면, NCDS 자료에서 행복은 부富와 어떤 관계가 있을까? 사회경제적 지위를 평가하는 한 가지 지표는 사회계층이다. 영국에서는 사회계층을, 직업을 기준으로 1계층(전문직업인)에서 5계층(미숙련 단순노동자)으로 나눈다. 계층별로 삶의 만족도는 극적인 차이를 보이진 않았지만 통계적 신뢰도는 높았다. 10점 만점에서 가장 높은 점수를 기록한 1계층의 직업군은 5계층의 사람들보다 평균 약 0.5점 높은 점수를 기록했다(〈도표 6〉 참조). 실업자들은 조사에 포함되지 않았다. 다른 연구에 따르면, 실업자들은 가장 낮은 만족도를 보였다.

〈도표 6〉 사회계층별 현대 영국인의 '삶의 만족도'

삶의 만족도

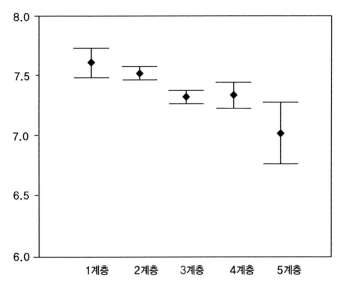

(1계층 전문직업인에서 5계층 미숙련 단순노동자까지 분류)

−NCDS 조사자료(2000)

사회계층이 높을수록 삶의 만족도가 높은 이유는 무엇 때문인가? 그것은 돈이 즐거움을 선사하기 때문일 것이다. 사회계층이 높을수록 더 많은 돈을 벌고, 따라서 NCDS 조사에선 소득과 삶의 만족도 사이에 약간의 상관관계가 있다. 그러나 사회계층별 삶의 만족도 점수에는 소득 이외에 다른 요인이 반영되어 있다는 점을 인식해야 한다. 거기에는 교육수준, 직업선택의 가능성, 직장에서의 지위관계, 여가활동 같은 것들이 반영되어 있다.

  소득이라는 변수를 통제해 소득이 삶의 만족도에 미치는 영향을 없앤 후, 순수하게 사회계층과 삶의 만족도 간의 관계를 봐도, 사회계층이 높을수록 삶의 만족도가 높았다. 그러나 사회계층이라는 변수를 통제해 순수하게 소득과 삶의 만족도 간의 관계를 보면, 양자 간에는 거의 아무런 관계도 없다. 이것이 의미하는 바는, 소득이 아니라 높은 사회계층이 되어서 얻게 되는 소득 외의 다른 혜택들, 즉 직업선택의 가능성, 직장에서의 지위관계, 여가활동의 가능성 등이 삶의 만족도를 높였다는 것이다.

  소득과 삶의 만족도 사이에 별 관계가 없다는 것은 놀라운 그러나 일관된 하나의 사실을 설명해준다. 지난 50년 동안 선진국에서 일인당 소득은 몇 배나 증가했지만, 이들 국가의 평균 행복지수는 전혀 증가하지 않았다. 예를 들면, 1970년에서 1990년 사이 미국의 평균 소득은 실소득 기준으로 300% 증가했다. 그러나 행복은 그에 상응해 증가하지 않았다. 여기에 역설이 있다. 많은 연구에 따르면, 어떤 시기에는 소득과 행복 사이에 약하지만 일정한 관계가 있다. 그러나 시간이 경과하면 모든 사람의 소득이 증가해도 행복은 그에 상응해 증가하지 않는다.

여기엔 두 가지 이유가 있다. 하나는, 앞서 언급한 것처럼 보다 높은 사회계층이 된다는 것은 소득과 전혀 관계가 없고 오히려 다른 요인과 관계있기 때문이다. 모든 사람의 소득이 현저히 증가했다 해도 그 증가분은 단순한 물질 구매력의 증가에 불과하지, 안전, 의미 있는 목표, 자유 등에 대한 사람의 경험을 실제 바꿔주는 것은 아니다. 실제로 오늘날의 건물경비원이 30년 전의 의사보다 더 부자라 해도, 그는 여전히 경비원이며 과거와 마찬가지로 무엇을 어디서 언제 해야 할지에 대한 선택권을 거의 갖고 있지 못하다(행복의 자율성 측면). 또 다른 이유는, 삶의 만족도를 판단할 때 가장 문제가 되는 것은 자신을 타인과 비교하기 때문이다(행복의 상대성 측면).

이 두 가지 이유가 모두 타당하다는 증거가 있다. 많은 연구들은 절대적인 부가 아니라 상대적인 부가 삶의 만족에 강한 영향을 미친다는 것을 보여주었다. 자율성에 관해서 살펴보자면, NCDS에서 조사대상자들에게 스스로 삶을 통제하는 느낌에 대해 다양한 질문을 했다. "대개 원하는 것을 얻는다"는 것보다 "원하는 것을 전혀 얻지 못하는 것 같다"고 답한 사람의 비율은 1계층의 경우 10% 미만이었는데, 5계층의 경우 34%였다. 자신의 삶을 통제한다고 느끼는 사람의 비율은 5계층의 경우 단지 81%인데 비해, 1계층은 96%에 달했다. 물론 81%라는 수치가 적은 것은 아니지만, 우리가 이미 살펴본 바와 같이 대부분의 사람들은 자신이 아주 행복하다고 생각하고 있으며, 자신의 운명을 통제하지 못한다는 것을 깨끗이 자백하지 않는 경향이 있다는 점을 감안해야 할 것이다.

"삶을 통제하고 있는가?"라는 질문에 대한 답변을 통해 삶의 자율성을 의미하는 '개인적 통제'personal control: 자신의 삶을 자신의 의지대로 끌고 나가는 것 점수를 매길 수 있다. 개인적 통제 점수는 1계층에서 가장 높았고 5계층에서 가장 낮았다. 그러나 동일 계층에서도 개인 간에 큰 편차가 있다. '개인적 통제' 점수는 행복을 예측하는 데 있어 소득보다 훨씬 좋은 지표다(통계학적 측면에서 소득은 행복을 판단하는 지표로서 개인적 통제 점수보다 20배 이상의 편차를 보여 신뢰성이 매우 낮다).

소득을 상위부터 하위까지 25%씩 4계층으로 나누었을 때, 최하위 25%에 속하지만 높은 개인적 통제 점수를 기록한 사람과 최상위 25%에 속하지만 낮은 개인적 통제 점수를 기록한 사람을 비교하면, 개인적 통제의 중요성은 더욱 분명해진다. 가난하지만 개인적 통제 점수가 높은 사람들은 10점 만점의 삶의 만족도에서 7.85점을 기록했다. 반면 부자지만 개인적 통제 점수가 낮은 사람들은 5.82점을 기록했다. 따라서 사회계층의 상층부에 위치한다는 것은 그 지위가 제공해주는 삶에 대한 개인적 통제 기회만큼만 행복해질 뿐이라고 말할 수 있다. 만약 삶을 통제할 다른 방법을 찾을 수 있다면, 소득이 낮더라도 삶을 통제할 수 있는 만큼은 행복해질 수 있는 것이다.

자율적이라는 느낌, 삶의 다음 단계에서 벌어질 일을 스스로 선택할 수 있다는 느낌은 또한 건강과 관련된다. 영국정부에서 실시한 일련의 훌륭한 연구에 따르면, 육체적 건강과 평균수명은 직장 내 직위와 관련이 있다. 직장 내 직위 중 어떤 직위도 절대빈곤에 시달리는 경우는 없다. 그러나 높은 사회적 지위와 마찬가지로 높은 직위를 가진 사람은 직장 일에 훨씬 많은 통제력을 가지게 되는데, 이것이 이들의 건강과 평균수명이 우수한 이유다. 사람들은 물질적 보상이 있더라도 지시받는 것을 정말 좋아하지 않는 것이다.

부자가 되어도 행복하지 않은 이유

월급이 오르면 사람들은 행복하다. 기쁘기까지 하다. 그러나 이미 살펴본 바와 같이 장기적으로는 소득이 증가해도 사람들은 더 이상 행복해지지 않는다. 이것이 의미하는 것은 높아진 소득에 '적응'한다는 것이다. 즉 새로운 상황에 익숙해지면서 처음의 도취감은 사라지고, 일정한 시간이 지나면 본래의 행복수준으로 돌아가는 것이다. '적응'의 개념은 필립 브릭먼Philip Brickman과 도널드 캠벨Donald T. Campbell이 1971년 발표한 논문으로 주목받기 시작했다. 그 후에 진행된 연구에 따르면, 복권으로 일확천금을 얻은 사람들은 단지 일시적으로만 행복이 증가했고, 몇 개월 후에는 '이전의' 행복수준으로 되돌아갔다. 이는 인간 욕망의 어리석음을 지적하는 데 열중했던 유베날리스와 스토아 학자들을 기쁘게 해주는 발견임에 틀림없다.

브릭먼과 캠벨은 행복수준은 어찌할 도리가 없다는 문제를 설명하기 위해 '쾌락 쳇바퀴'hedonic treadmill라는 아주 생생한 은유적 표현을 썼다. 매번 우리는 원하던 상태로 나아가지만, 곧 새로운 상태에 익숙해지고 그러면 만족수준은 그전과 다름없게 된다. 결과적으로 우리는 쳇바퀴 위를 열심히 달리지만 한곳에 머무르고 마는 것이다.

서던 캘리포니아 대학교의 경제학자 리처드 이스터린Richard Easterlin은 쾌락 쳇바퀴 효과를 가장 명료하게 보여주었다. 미국인을 대상으로 지속적으로 실시되는 횡단 사회조사social survey of cross-section에서 조사대상자들에게 돈 주고 살 주요 소비재(집, 자동차, TV, 해외여행, 수영장, 별장 등) 목록을 살펴보도록 요청했다. 처음에는 이런 소비재 중 어떤 것이 자신이 꿈꾸는 이상적인 삶을 가져다줄 것인지 말해보라고 했다. 그런 후, 다시 목록을 살펴보고 실제 가지고 있는 것은 무엇인지 말해보라고 했다. 이런 조사를 16년 후에도 되풀이했다. 성년이 된 초기에, 이런 멋진 품목을 거의 갖고 있지 못한 사람에서부터 몇 개 가진 사람에 이르기까지 차이가 생겼다. 문제는 멋진 삶에 대한 이들의 이상理想은 이들의 사정이 나아지는 것과 거의 같은 비율로 높아졌다는 것이다. 이들이 어렸을 때는 집, 차, TV만 있으면 충분히 멋진 삶을 살 수 있다고 생각했다. 그 후에 별장이 필수적인 것으로 추가되었다. 16년 후에 위 목록 중 사람들이 가진 품목은 1.7개에서 3.1개로 늘어났고, 멋진 삶을 위해 필요하다고 생각하는 품목은 4.4개에서 5.6개로 늘어났다. 16년 후에도 처음과 마찬가지로 그들이 원하는 이상에서 2개 품목이 여전히 부족한 상태였다.

비록 새로운 물건을 얻는 일과 식을 줄 모르고 커져만 가는 열망 모두가 노년기에 이르러 원숙해진다 해도, 이런 일종의 욕망 인플레이션 현상은 평생 지속된다. 결과적으로 라이프스타일 제품에 있어서는, 계속 그런 제품을 소유하게 되었다 해도 '삶이 그만큼 나아졌다는 생각'은 최소한 평균적으로 봤을 때는 본질적으로 생기지 않는다.

국가의 경제발전과
행복지수

이와 같은 논의로 국가 간 삶의 만족도 차이를 설명할 수 있을
까? 우선 삶의 만족도에 있어서 국가 간의 차이가 크지 않다는
사실을 상기할 필요가 있다. 모든 국가는 10점 만점에 기본적
으로 5점과 8점대 사이를 기록하고 있다. 그러나 어쨌든 국가
간에는 만족도에 차이가 있고, 이런 차이는 국가의 GNP 또는
재산수준의 차이로 설명될 수 있다. 그러나 GNP와 만족도 사
이에 일정한 관계가 있다는 설명은 선진국의 경우처럼 국부國
富가 상승해도 국가의 행복엔 변화가 없는 모순을 어떻게 해소
할 것인가? 결론부터 말하자면, 부의 증가는 일정 수준까지만
만족도에 영향을 미치는 것으로 보인다. 일부 연구에 따르면,
한 국가의 행복과 국부 간의 관계를 나타내는 곡선은 국가가
가난할 때는 급격히 상승한다. 즉, 가난한 국가에서 국부가 증
가하면 국가 행복지수도 급격히 높아진다. 그러나 그 국가가
일정 수준의 부를 달성한 후에는 부가 증가해도 국가의 행복
증가율은 낮아진다. 다시 말하지만 여기서 알 수 있는 것은,
소득은 그 자체로 행복을 낳는 것은 아니란 것이다.

전 세계적으로 볼 때 국부는 보다 불분명한 다른 변수, 예컨대 정치적 자유, 인권, 평등, 낮은 범죄율 등과 긍정적인 관계가 있다. 그런데 이들 중 어떤 것, 즉 민주주의 발전과 인권신장은 일정한 경제발전 단계에서 이루어지지만, 그 후 경제가 더 성장하면 본질적으로 큰 변화가 없어진다. 범죄나 사회안전의 경우, 처음에 경제성장은 이런 것에 큰 영향을 미친다. 시간이 지난 후, 없애버릴 수 있는 모든 문제는 사라지고 없앨 수 없는 문제만 남기 때문에, 추가로 경제가 성장해도 문제제거 효과는 계속 감소한다. 이 모든 것이 의미하는 것은, 국가행복과 GNP 간의 관계를 나타내는 곡선은 어떤 수준(대체로 선진국이 도달한 수준)에 이르면 완만해진다는 것이다.

독신과 결혼, 그리고 행복

행복에 관한 가장 믿을 만한 연구 중 하나는 결혼한 사람이 결혼하지 않은 사람보다 행복하다는 것이다. NCDS도 예외

〈도표 7〉 결혼 여부로 본 **42세 영국인의 '삶의 만족도'**

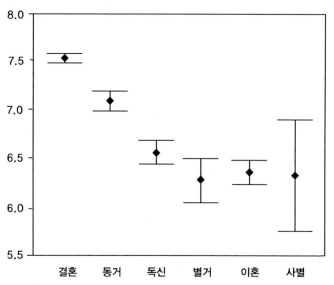

삶의 만족도

-NCDS 조사자료(2000)

는 아니다. 〈도표 7〉에서 볼 수 있듯이, 결혼한 사람은 결혼하지 않은 사람보다 아주 행복했다. 동거하고 있는 사람은 결혼한 사람보다 약간 덜 행복했고, 전혀 결혼한 적이 없는 사람은 3위를 기록했다. 평균적으로 가장 덜 행복한 사람은 이혼한 사람, 별거한 사람, 또는 사별해 과부나 홀아비로 남은 사람들이다.

도표의 수치에 관한 정보는 NCDS 조사대상자들이 42세가 된 2000년에 수집된 것이다. 이당시 대부분의 조사대상자들은 결혼했으며, 이들은 결혼을 하나의 당연한 관습으로 받아들인 세대다. 따라서 결혼이 그리 일반적이지 않고 결혼을 당연한 것으로 여기지 않는 집단에서도 그림상의 패턴이 유효하다고 할 수는 없다. 그럼에도 불구하고 이런 패턴은 상대적으로 강력한 효과가 있다. 결혼 여부의 변수는 사회계층이라는 변수보다 삶의 만족도에 훨씬 많은 영향을 미친다. 더욱이 실제로 〈도표 7〉과 같은 패턴이 다른 연구에서도 많이 나타난다.

사람들은 남성과 여성이 결혼을 통해 얻는 혜택이 서로 다르다는 생각에 대해 많은 관심을 보여왔다. 삶의 만족도에 대한 연구들은 이런 생각에 대해 극히 일부분만 동의하고 있다.

NCDS에서 결혼한 여성의 삶의 만족도는 결혼하지 않은 여성에 비해 1.05점 높았다. 남성의 경우, 그 차이는 0.97점이었다. 결혼한 사람과 이혼한 사람의 삶의 만족도의 차이는, 여성의 경우 1.28점이었고 남성의 경우는 1.16점이었다. 특히 여성의 감정표현이 일반적으로 더 크다는 것을 감안하면, 성별 간 차이는 실제 그리 크지 않아 보인다. 전체적으로, 결혼생활을 하고 있거나 그렇지 않은 경우 모두 남성과 여성에 비슷한 영향을 미치는 것으로 보인다.

그러나 이와 같은 논의를 통해 '사랑이 행복의 열쇠'라는 프로이트의 말이 옳았다고 결론 내리기 전에, 그림에서 나타난 패턴을 약간 더 깊이 검토해야 할 것이다. 위의 연구결과는 결국 결혼이 행복을 가져다주는 가장 영원한 방법이라는 주장의 근거가 되었다. 그러나 거꾸로 행복이 결혼에 이르는 가장 영원한 방법일 수 있다. 외향적인 사람들은 내성적인 사람들보다 낭만적인 관계에 더 쉽게 빠질 뿐만 아니라 더 행복한 경향이 있다. 반면에 신경과민적인 사람들은 불행한 경향이 있으며 이혼할 위험도 높다. 따라서 결혼이 기쁨을 가져다준다기보다는 처음부터 행복했던 사람들이 더 많이 결혼하고 더 오래 결혼생활을 유지한다고 할 수 있다.

이런 주장이 모든 것을 다 설명해줄 수는 없다는 인식이 팽배하지만, 이런 주장을 확실히 확인할 수 있는 한 가지 방법은, 같은 사람들을 독신에서 그 후 결혼생활(또는 비결혼생활)에 이르기까지 추적 조사하는 것이다. 이런 연구전략은 24,000명의 사람들을 15년에 걸쳐 매년 조사한 독일의 한 연구에서 채택되었다. 이 연구에 따르면, 결혼한 사람들은 결혼하지 않은 사람들보다 처음부터 더 행복한 사람들이었다. 이야기는 여기서 끝나지 않는다. 한 개인이 결혼 전에 얼마나 행복했든지 간에, 그가 결혼하게 되는 과정에 행복이 증가했다. 그렇지만 2년도 못 돼 행복은 더 이상 증가하지 않았고, 이들은 본질적으로 처음 수준의 행복으로 되돌아왔다. 재미있게도, 연구자들은 결혼에 대한 반응과 행복과의 관계에서 큰 차이를 발견했다. 결혼을 통해 단기적으로 큰 행복을 느꼈다고 응답한 사람들은 여러 해 동안 높은 행복수준을 유지했다. 반면, 결혼에 대한 최초의 반응이 상대적으로 미미했던 사람들은 몇 년이 지난 후에는 처음 결혼했던 때보다 오히려 덜 행복했다. 이 연구는 아직 결혼생활을 유지하고 있는 사람들만을 대상으로 한 것이다.

독일의 연구자들은 사별한 경우를 관찰하기도 했다. 여기서 그들은 행복감 또는 불행감이 얼마나 오래가는지에 관해 더 확실한 증거를 찾아냈다. 어떤 일은 결코 익숙해지지 않는 모양이다. 그렇다면 이는 기득효과의 한 사례라 할 수 있다. 즉, 갖고 있던 것을 잃어버리는 것은 처음부터 갖고 있지 않았던 것보다 더 나쁜 일이다.

여기서, 왜 결혼이 다른 요인보다 행복에 더 강한 영향을 미치는가, 그리고 독일의 연구에서처럼 적응이 그렇게 빨리 또 완전히 이루어지지 않는 이유는 무엇인가 하는 문제가 남는다. NCDS의 패턴에 대해 내가 말하고자 하는 것은, 결혼을 하게 되는 과정 또는 결혼이 깨지는 과정은 단기적으로 행복에 커다란 영향을 미친다는 것이다. 따라서 NCDS 조사대상자들이 결혼했든 혹은 이혼했든 간에 결혼생활에 변화를 겪은 지 얼마 되지 않아 그 변화로 인한 영향을 아직 강하게 받고 있었기 때문에, 결혼이 다른 요인보다 행복에 더 강한 영향을 주고 결혼생활의 변화에 대한 적응이 아직 완전하지 않은 상태였다고 할 수 있다. NCDS 조사대상자들이 조사 당시 42세였다는 것을 감안하면, 결혼한 사람 중 많은 사람은 아직 결혼생활 초기였을 것이고, 이혼한 사람 중 많은 사람은 이혼한 직후였을 것이다. 따라서 NCDS 조사대상자 중 많은 사람은 신혼이든 이혼이든 간에 자신이 처한 결혼상황에 아직 단기적인 영향을 받고 있었고, 이들은 전체 조사대상자의 평균점수에 아주 큰 영향을 미쳤을 것이다. 더 긴 시간을 두고 보면, 사람들은 결혼 상태의 변화에 적응하게 된다. 따라서 행복에 대해, 예컨대 사회계층이란 변수보다 결혼생활이라는 변수가 상대적으로 더 큰 영향을 미치는 것은 사회계층상의 변화를 겪고 있는 사람들보다 결혼 상태의 변화를 겪고 있는 사람이 더 많았다는 것을 반영하는 것이다.

행복의 부적응 사례들

우리가 결정적으로 적응하지 못하는 사례가 있는가? 여러 사례가 있다. 선천적인 장애나 건강상의 문제를 가진 사람들이 아주 상당한 적응력을 보인다 해도 그 적응은 종종 아주 완전한 것은 아니며, 이런 사람들은 자신의 행복을 판단하는 데 있어서도 약간의 그늘이 있기 마련이다. NCDS에서, 삶을 방해하는 만성적인 질병이나 장애를 가진 사람들은 삶의 만족도에서 정상인의 7.3에 비해 낮은 6.49를 기록했다. 이는 독신자와 기혼자 사이의 점수 차이만큼이나 큰 것이다.

완전한 적응이 어려운 또 다른 영역은 소음에 시달리는 경우다. 예를 들면, 거주지에 새로운 도로가 개통된 지 4개월 후 지역주민들을 조사했다. 이때 주민들은 소음에 짜증이 나지만 대부분은 결국 그 소음에 적응할 것이라고 생각하고 있었다. 그런데 일 년이 지나도, 주민들은 소음에 계속 짜증이 났고 소음에 적응할 가능성에 대해서는 더 비관적이 되었다. 사람들이 적응했다는 증거는 거의 없다. 이는 재미있는 사례다. 왜냐하면 일반적으로 사람들은 부정적인 사건에 대한 자신의 적응능력을 과소평가하는데, 이 사례에서는 반대로 사람들이 적응할 수 있다고 생각했지만 그러지 못했기 때문이다.

마지막 사례는 성형수술에 관한 것이다. 가슴 성형수술이 가능하다는 것은 일종의 성형 쳇바퀴 현상을 낳을 수 있다고 생각할 수 있다. 가슴 성형수술을 받은 여성은 그 즉시 성형수술 이전처럼 자신의 몸에 불만을 가지게 된다는 것이다. 그러나 수술 전에 수술하면 행복해질 것이라고 믿고 싶은 만큼이나 성형수술 후 실제로 행복감이 증가했다는 증거도 있다. 몇몇 연구들은 가슴 성형수술을 받은 여성들의 경우 몸과 삶에 대한 만족도가 증가했고 정신적인 문제는 감소했다고 보고한다.

행복에 대한 우리의
맹목적인 생각들

우리는 맹목적으로 생활환경과 행복이 서로 밀접한 관계에 있다고 생각한다. 아무 소용이 없다고 느낀다면, 우리가 임금 인상이나 신형 차, 섹스 파트너 등을 얻으려고 노력하지는 않는다는 것이다. 그러나 최소한 일부 심리학자들이 생활환경과 행복에 관한 자료를 통해 도출한 결론은, 환경은 행복에 아무런 영향을 미치지 않는다는 것이다. 우리가 무슨 짓을 하든지 간에 조만간 다시 되돌아가게 될 결정된 행복수준이 있는 듯하다.

이런 관념이 많은 진실을 내포하고 있다 해도 상황은 더 흥미롭고 복잡한 것 같다. 우리는 각기 다른 삶의 국면에 각각 다르게 적응할 수 있다. 개인의 안전에 대한 기본적인 위협,

즉 만성감기, 음식부족, 또는 과도한 환경소음에는 결코 적응할 수 없다. 심각한 건강문제는 지속적으로 영향을 미친다. 삶의 자율성 부족도 궁극적으로는 불행을 초래할 뿐 아니라 지속적으로 건강을 악화시키는 부정적인 상황이다. 반면에, 소득과 물질적 재화에는 신속하고 완전하게 적응한다. 그래서 경제성장이 진행돼도 사람들이 반드시 더 행복해지는 것은 아니고, 그 성장이 삶의 질에 어떻게 영향을 미치느냐에 달려 있다. 적응할 수 없는 소음과 쉽게 적응을 할 수 있는 돈 사이에 있는 것이 결혼이다. 결혼은 중단기적으로는 행복에 커다란 영향을 미치지만 결국엔 적응과정에 들어간다.

경제학자 로버트 프랭크Robert Frank는 위치재positional goods: 다른 것과 비교하여 그 가치가 결정되는 것와 비위치재non-positional goods: 다른 것과 비교되지 않는 고유의 가치를 가지는 것를 구분하고 있다. 행복과 같은 비위치재는 다른 것과 비교되지 않는다. 이런 의미에서 건강과 자유도 비위치재이다. 위치재에는 다른 심리가 작용한다. 우리는 다른 사람이 가진 것과 비교함으로써 우리의 소득과 자동차의 크기에 만족해한다. 프랭크는 이런 위치심리(지위심리)가 진화적 적응과정에서 나온 유산이라고 주장한다.

우리는 삶을 살아갈 수 있는 수많은 방법이 존재하는 환경

속에서 진화해왔고, 우리가 재생산, 즉 종족보전에 성공했다면 그것은 절대적인 건강이 좋아서가 아니라 상대적인 지위가 유리했기 때문이었을 것이다. 지엽적인 상황에서 무엇이 가장 최선의 행동일지 선천적으로 알 수는 없기 때문에, 우리는 가장 잘살고 있는 것 같은 주변 사람을 보고 그보다 훨씬 더 잘살려고 노력하는 심리를 개발했다. 이런 심리는 열대우림의 나무들이 벌이는 것과 똑같은 경쟁을 낳는다. 나무들은 얼마나 자라야 좋은지에 대해서는 선천적으로 알지 못한다. 나무들은 그저 햇빛을 받기 위해 다른 나무들보다 더 크게 자라야 할 뿐이다. 햇빛을 두고 경쟁한 결과, 숲은 나무들이 수백 피트 자랄 때까지 계속 높아진다. 만약 모든 나무들이 그렇게 자란 높이의 10분의 1로만 자랐다면, 경쟁에서 뒤처진 나무는 한 그루도 없었을 것이고 어린나무 시절부터 그렇게 힘든 경쟁을 하지 않아도 되었을 것이다. 그러나 햇빛을 받는 것은 위치에 좌우되기 때문에 모든 나무들이 사이좋게 작게 자라는 일은 벌어지지 않았다.

프랭크는, 결혼은 비위치적인 것이고, 따라서 돈 버는 데 시간을 쓸 것인지 이성과의 관계에 시간을 쓸 것인지 선택해야 하며, 아마도 이성과의 관계에 시간을 투자하는 것이 장기적으로 보다 지속적인 만족을 가져다줄 것이라고 말하고 있다. 이런 견해가 바람직한 것이긴 하지만 다소 과장인 듯하다. 결혼도 적응된다는 증거가 있으며, 더욱이 일부다처제 사회 혹은 일부일처제라도 영국과 같이 여러 번 결혼할 수 있는 사회에서 남성들은 지위를 과시하기 위해 젊은 새 부인을 얻으려 한다. 그러나 프랭크의 식견은 다음과 같은 측면에선 절대적으로 옳다. 요컨대, 행복에 대한 우리의 맹목적인 생각 때문에 우리는 보다 많은 위치재를 모으면(이웃에게 뒤처지지 않으려고 허세 부리는 것) 결국 더 행복해질 것이라고 바보처럼 믿지만, 그런 일은 일어나지 않는다. 반면에 건강, 자율성, 안정된 사회적 관계, 그리고 환경의 질 등이 행복의 진정한 근원이다.

이런 결론은 정말 중요하다. 우리는 무의미한 경쟁을 그만두고 가난하지만 독립적인 삶을 살기 위해 창고에서 배를 만들겠다고 말하는 친구를 쉽게 무시할 수 있다. 그러나 그 친구는 자율성과 돈을 구별해 적응했기 때문에 더 '행복할 것'이다. 그는 위치심리가 재촉해대는 것을 극복하기만 하면 된다. 이런 논의는 정부정책과 관련해서도 함의가 있다. 내가 다른 글에서 지적한 것처럼, 영국정부는 저렴한 항공운송을 확대하기 위해 전국에 걸쳐 공항 확대를 계획 중이다. 그러나 행복론에 따라 예측하자면, 사람들은 곧 저렴한 비행에 적응할 것이고 그것이 열차여행과 별반 다름없이 지루하다는 사실도 곧 알게 될 것이다. 그러나 사람들은 공항 확대로 인해 증가하는 소음에는 결코 적응하지 못할 것이다. 따라서 공항 확대계획은 행복의 측면에서 볼 때 좋은 정책이 아니다.

그러면 우리는 어떻게 우리의 삶을 성립할 것인가 하는 문제를 증거에 기초해 합리적으로 살펴볼 수 있다. 사회학자들은 일반적으로 무엇이 자신을 행복하게 만드는지 사람들이 '알고 있다'고 가정했다. 기실 이런 가정은, 서로 경쟁하는 재화들 가운데 사람들이 하나를 선택하는 것은 '효용 극대화 원칙'_{가장 많은 효용을 주는 것을 선택하는 소비자 행위 원칙}에 따른 것이라는 경제학 이론에 깊이 뿌리 내린 것이다. 사람들이 B대신 A를 소비하기로 결정한 것은 사람들이 A에서 더 많은 효용을 얻기 때문이란 것이다. 만약 사람들이 B에서 더 많은 효용을 얻는다면, 그들은 B를 선택할 것이다. 따라서 사람들이 소득보다 여가와 자율성에서 더 많은 효용을 얻는다면, 그들은 여가와 자율성을 택할 것이다. 이처럼 사람들이 자신의 효용에 따라 선택한다면, 무엇을 선택해야 할지 조언해줄 심리학자란 필요 없는 존재다.

우리가 이미 살펴본 바와 같이, 이런 주장이 타당한가 하는 것은 효용의 의미를 어떻게 해석하느냐에 달려 있다. 만약 A 의 효용이 B와 비교해 A를 택하는 상대적인 성향을 의미한다면, 사람들이 항상 효용을 극대화할 것이란 것은 필연적으로 옳다. 사람들이 극대화된 효용을 택한다는 증거는 그들이 B 대신 A를 택한다는 것이고, 사람들이 A를 택했다는 것은 A 가 B보다 더 큰 효용을 가졌다는 증거다. 그러나 이런 설명은 그런 선택이 진행되기 전, 그 과정, 또는 그 후 개인적인 또는 총체적인 행복에 대해서는 아무것도 말해주는 바가 없다. 반면에, 만약 효용이 행복을 의미한다면, 사람들이 효용을 극대화할 수 있기 때문에 모든 사람은 항상 최고로 행복할 수 있다는 이상한 결론에 이르게 된다. 왜냐하면 사람들이 할 수 있는 일로써 보다 큰 행복을 가져다주는 것이 있으면 사람들은 그 일을 택하기 때문이다. 이런 논리에 따르면, 우리는 (효용, 즉 행복 극대화 원칙에 따라) 가능한 모든 세상에서 최고의 세상에 살고 있기 때문에 모든 것이 최고다.

당연히 이런 결론은 정당화될 수 없다. 왜냐하면 사람들이 항상 자신의 행복을 극대화하는 선택을 하는 것은 아니기 때문이다. 한 가지 예를 들면, 내가 어떤 것을 선택함으로써 얻은 행복감은 다른 모든 사람이 선택한 것에 좌우된다. 다른 모든 사람이 나와 같은 조그만 차를 가지고 있는 한, 나는 조그만 차나 심지어는 자전거에도 만족할 수 있다. 그러나 도로에 커다란 최신형 지프차가 넘쳐난다면, 나는 새 차를 사기 위해 자전거를 팔러 갈 것이다. 범죄율이 높은 곳에서는 도난 경보 장치를 사고 도심 외곽에 집을 마련하는 데 돈을 쓸 필요가 있다. 그러나 이렇게 한다고 해서 직장에서 10분 거리에 떨어져 사는 세상보다 더 행복하다고 말할 수는 없다.

훨씬 중요한 것은, 살면서 우리가 하는 선택은 우리가 실제로 행복을 경험한 데 따른 것이 아니라 행복에 대한 우리의 맹목적인 생각 때문이란 것이다. 행복에 대한 이런 맹목적인 생각은 위치재와 지위가 중요하고, 치열한 경쟁을 할 필요가 있으며, 아름다운 부인은 내 인생을 바꿀 것이고 등등의 말을 한다. 이런 생각은 경험에서 파생된 것이 아니며 현실에서 아주 벗어난 것이다. 따라서 우리는 항상 이런 생각에 속아 행복을 극대화하지 않는 선택을 하는 경향이 있다. 왜 우리가 좀처럼 없애버릴 수 없는 이런 맹목적인 생각을 갖게 되었느냐 하는 것은 뒤에서 다시 살펴볼 것이다.

Happiness

근심맨과 열정맨

Worriers and Enthusiasts

신경과민과
외향성

아무리 나쁜 일을 당해도 활기차고 낙천적인 사람이 있는가 하면, 주변상황이 아무리 좋아도 근심과 고뇌로 가득 찬 사람이 있다. 기실 수입, 직업, 결혼 여부가 비슷함에도 불구하고 언제나 긍정적이고 행복한 사람이 있는가 하면, 항상 의심과 실망과 걱정에 찌들어 있는 사람이 있다. 앞에서 우리는 객관적인 생활환경의 변화가 행복에 그리 큰 영향을 미치지도 않으며, 미친다 하더라도 일정한 적응과정이 필요하다는 것을 살펴보았다. 그렇다면, 행복에 있어 사람들 사이에 보다 근원적이고 항구적인 차이가 존재하는 이유는 과연 무엇인가?

그런 차이는 엄연히 존재하고 있다. 행복에 대한 자기평가는 여러 해가 지나도 거의 변하지 않는다. 예컨대, 한 대규모 연구에서 동일한 사람을 대상으로 행복에 대한 자기평가를 7년에서 12년에 걸쳐 각각 조사한 결과, 그 사이에 어떤 인생사를 겪었는지 모르지만 두 시기의 점수 사이에는 상당한 관련성이 있었다. 어떤 한 시점에서 사람들이 겪은 인생사는 이와 같이 일정한 기간에 걸쳐 사람들이 느끼는 행, 불행의 정도에 그리 큰 영향을 미치지 않는다. 안정된 생활환경을 가진 사람과 중대한 삶의 격변을 겪은 사람을 비교한 연구, 또는 소득이 늘어난 사람과 줄어든 사람을 비교한 연구 등 여러 연구가 있었지만, 한결같은 결론은 연구종료 시점에 이런 연구대상자들이 얼마나 행복한지를 가장 잘 예측할 수 있게 해준 것은 연구를 시작할 당시 그들이 얼마나 행복했느냐 하는 것이었다. 행복과 불행은 실제로 일어난 일이 아니라 그렇게 일어난 일을 우리가 어떻게 다루느냐 하는 데서 비롯되는 것 같다.

이런 견해는 자신의 일에서 행복을 느끼는 사람은 자신의 취미생활에서도 행복을 느낀다는 사실로 더 잘 입증된다. 만약 행복이 주로 객관적인 상황에 의해 좌우된다면, 일을 싫어하는 사람은 좋아하는 취미를 개발해 그 취미를 통해 쉽게 행복해질 수 있으며, 일을 사랑하는 사람은 다시 일할 수 있는 월요일 아침을 목 빠지게 기다릴 것이라고 생각할 수도 있다. 그러나 사실을 말하자면, 월요일에서 금요일까지 일에서 즐거움을 느끼는 사람일수록 퇴근 후나 주말을 더 잘 즐긴다는 것이다. 어떤 사람들은 그저 더 즐거움을 느끼기도 한다.

더 놀라운 것은, 일란성 쌍둥이가 일반 형제나 이란성 쌍둥이보다 행복을 느끼는 정도가 더 비슷하다는 것이다. 유전학자 데이비드 라이켄David Lykken과 오크 텔레겐Auke Tellegen은 한 일란성 쌍둥이들에게 9년에 두 번 각각 자신이 느끼는 행복에 대해 보고하도록 요청했다. 이들의 연구결과에 의하면, 첫해에 쌍둥이 A의 행복은 9년 후 그의 행복과 같았으며, 첫해에 쌍둥이 A의 행복은 당시 쌍둥이 B의 행복과 상관관계가 있었다. 그러나 가장 놀라운 것은, 9년 후 쌍둥이 B의 행복은 첫해에 보고된 쌍둥이 A나 B의 행복을 통해 예측할 수 있다는 것이었다. 태어나면서 헤어져 따로 길러진 일란성 쌍둥이들의 경우에도 행복의 상관관계는 함께 자란 일란성 쌍둥이들만큼이나 높았다. 일란성 쌍둥이들이 서로의 유전적 복제인간이라는 사실을 감안하면, 우리가 살고 있는 환경과 거의 관계없이 어떤 유전적 요인이 우리가 느끼는 행복수준을 좌우하는 것으로 보인다.

그렇다면 어떤 사람들을 다른 사람들보다 성격적으로 더 행복하게 만드는 타고난 심리적 차이의 본질은 무엇인가? 심리학자들은 각 개인 간 행동양식의 차이를 일반적인 용어인 '개성'이란 말로 설명하고 있다. 고유한 개성이란 시간이 가도 변함없는 한 개인의 어떤 성격을 말한다.

만약 어떤 사람이 어느 날 매우 예민했지만 다음날은 전혀 그렇지 않을 때, 우리는 그가 예민한 개성을 가졌다고 말할 수 없다. 개성은 또한 시간뿐 아니라 상황이 변해도 일관성이 있어야 한다. 만약 어떤 사람이 다른 때는 그렇지 않다가도 차만 타면 예민해진다면, 그것은 개성이라기보다는 아마도 교통사고를 경험함으로써 갖게 된 그 사람의 특징이라고 해야 할 것이다. 마지막으로 사람의 특징을 개성적 특징으로 간주하기 위해서는 개인들 간에 차이가 있어야 한다. 예컨대, 한 사람을 굶주린 상어 떼가 가득 찬 수영장에 들여보낸 후 불안해하는 것을 보고 그 사람의 개성을 파악하려는 것은 좋은 방법이 아니다. 왜냐하면 그런 상황에서는 거의 모든 사람이 불안해할 것이기 때문이다. 그것보다는 낯선 도시를 걷는 동안 불안을 느끼는지 아닌지 알아보는 것이 개성을 파악하는 데 훨씬 좋은 방법이다. 왜냐하면 그런 상황에서 다른 사람들은 전혀 불안을 느끼지 않는데 어떤 사람들은 매우 불안해하기 때문이다.

몇 가지 다른 유형의 개성이 제시된 바 있지만, 그 유형들을 평가하는 것은 이 책의 범위를 벗어난 것이다. 그럼에도 불구하고 기억해야 할 것은 모든 개성 유형들은 행복과 관련된 두 가지 기본적인 형태로 분류될 수 있다는 것이다.

첫 번째 형태는 부정적인 감정을 느끼는 것과 관련된다. 모든 인간은, 아니 기실 모든 포유류와 그리고 아마도 모든 척추동물은, 주변에서 벌어지는 부정적인(개인의 신체에 부정적인 영향을 미치는) 일들을 간파해내는 시스템을 갖고 있다. 예를 들면 중요한 사람으로부터 거부당하는 것, 그룹에서 추방되는 것, 약탈, 질병, 가난, 외부인의 공격 등이 인간 주변에서 발생하는 부정적인 일들이라 할 수 있다. 이런 부정적인 일들은 공포, 걱정, 수치, 죄의식 등 일련의 특별한 감정을 수반한다. 더불어 부정적인 일들은 육체적이고 심리적인 변화도 수반한다. 부정적인 일과 관련된 육체적 변화라 함은 심장박동의 증가와 장기로부터 근육으로 피가 쏠리는 현상 등이 그것이다. 부정적인 일과 관련된 심리적 변화는 특히 잠재적인 위협에 대한 경계심 증가, 잠재적으로 부정적인 정보에 민감해지는 것, 그리고 벌어질 결과에 대해 정신적으로 노심초사하는 것 등이다.

우리 모두는 이와 같이 부정적인 일에 대응하는 육체적, 심리적 생체시스템을 갖고 있다. 그러나 그 정도는 개인에 따라 조금씩 다르다. 개성에 관한 연구에 따르면, 사람들이 걱정,

공포, 그리고 다른 부정적인 감정에 영향을 받는 정도의 차이가 바로 사람들의 개성을 구별하는 중요하고도 신뢰할 만한 척도다.

부정적인 감정에 영향을 받는 정도를 나타내는 수치가 바로 신경과민중 또는 부정적 감수성이라고 하는 것인데, 모든 사람이 갖고 있는 그 수치는 시간이 가도 일정할 뿐만 아니라 최소한 일부분은 유전적으로 결정된다. 신경과민중 수치는 "걱정을 많이 합니까?" "때때로 아무 이유 없이 우울합니까?"와 같은 질문에 대한 사람들의 응답으로 측정된다. 이런 질문은 약간 단순하고 응답에 있어서 편차를 유발할 수도 있지만, 사실 신경과민중 수치는 일정할 뿐만 아니라, 사람들의 장기적인 건강 및 인간관계 그리고 장기적으로 그들이 우울과 걱정에 빠지는 정도를 예측하는 데 아주 훌륭한 지표가 된다. 따라서 그 수치는 어떤 의미를 갖는다. 바로 이것이 개성심리학의 미스터리다. 이상하게 보이는 설문들이 아주 효과적인 것으로 드러나는 것이다. 그러나 응답자들은 실지로 자신을, 특히 다른 사람과 비교해 어디에 위치하고 있는지 알아야 한다. 그렇지 않으면 그 수치는 좋은 예측지표가 되지 못한다.

두 번째 중요한 형태의 개성은 긍정적인 감정, 또는 최소한 긍정적인 동기와 관련된다. 이런 형태의 개성은 외향성, 행동성, 그리고 흥분추구와 같은 특징으로 표현된다. 이런 특징에 높은 수치를 보이는 사람들은 "나는 무리 중에 가장 중심 인물인가?"와 같은 질문에 긍정적인 답변을 한다.

일반적인 말로 외향성은 사교성과 같은 말이다. 외향적인 사람들이 친구가 더 많고, 더 말이 많으며, 더 자주 밖으로 돌아다니는 것은 사실이지만, 외향성이란 특성엔 비사교적인 측면도 있다. 외향적인 사람들은 여행을 즐기고, 일상에 변화를 추구하며, 다소간 위험한 스포츠나 열정적인 취미를 선호하고, 더 많은 섹스 파트너를 원하며, 여러 형태의 섹스를 실험하고 싶어 하고, 단것을 좋아하며, 술이나 마약에 빠질 위험이 있다. 이들은 (사람들을 만나는 데 도가 텄기 때문에) 다른 사람들보다 더 일찍 결혼한다. 그러나 이들은 또한 보다 내성적인 사람들보다 (일찍 결혼하는 이유와 같은 이유로, 즉 사람들을 만나는 데 능숙하므로) 배우자에게 충실하지 않을 가능성이 더 크다.

외향성을 가장 잘 설명한 이야기는 다음과 같다. 인간이 원하는 대상과 행동 중에서 그것을 추구하다 보니, 인간이 진화하고, 또 인간의 생물학적 적합성이 증진된 일련의 대상과 행동들이 있다. 그중 대표적인 것으로, 익은 과일처럼 달콤한 것들, 놀거리나 새로운 주거지를 찾는 일, 매력적인 사람과 섹스 하는 것, 그리고 우리가 생존을 위해 집단에 의존하는 매우 사회적인 동물이기 때문에 필요한 일로서 타인과 어울리는 일 등이 있다.

인류가 진화하기 위해서는 이런 것들이 나타날 때마다 확실히 그 기회를 잡아야 했다. 따라서 이런 것들은 모두 우리로 하여금 그것을 원하게 만드는 일종의 직접적인 보상을 주는 것이다. 이와 같이 유혹적인 보상은 우리가 이성적으로 세운 최고의 계획마저 망칠 수 있다. 공부해야 하나, 아니면 친구의 파티에 갈까? 그만 먹을까, 아니면 달콤한 디저트를 먹어버릴까? 돈을 투자할까, 아니면 스키 타고 다이빙하고 등산하는 데 써버릴까? 좋은 기사나 내용이 실린 잡지를 살 것인가, 아니면 쭉쭉빵빵한 여인이 표지에 실린 잡지를 살 것인가? 우리는 우리에게 어떤 보상을 주는지 정확히 알기만 하면 제품을 구매함으로써 보상을 얻을 수 있는 문화적, 경제적 삶을 살고 있다.

보상을 주는 행동이나 제품을 통해 우리 모두는 보상을 얻는다. 그러나 그 보상을 느끼는 강도는 사람마다 조금씩 다르다. 똑같은 행동이나 제품에서 외향적인 사람이 내성적인 사람보다 더 큰 보상을 느낀다.

다음의 사례에서 외향적인 사람과 내성적인 사람의 차이를 비교해보자. 사람들이 붐비는 시장을 걷고 있다고 생각해보자. 각 상점은 여러분이 소비할 수 있는 것, 경험할 수 있는 것, 그리고 일상적인 것에서 진기한 것, 도덕적으로 의심쩍은 것에서 불법적인 것에 이르기까지 저마다 다른 매혹적인 제품을 팔고 있다. 모든 것이 흥미를 끈다. 여기서 여러분은 시장을 가로질러 계획했던 중요한 일을 하러 가기 위해 상점들을 그냥 지나쳐버릴 수도 있고, 잠시 멈춰 서 이런저런 즐거움을 맛볼 수도 있다. 모든 상점에는 주인이 있고 특별한 상품을 팔고 있다. 만약 여러분이 내성적인 사람이라면, 당신의 눈에 비친 상점 주인들은 별로 튀어 보이지도 않고 당신의 관심을 잡아끌지도 않는다. 그러나 여러분이 외향적인 사람이라면, 당신이 미처 인식하기도 전에 상점 주인들은 소란스럽고 카리스마적으로 다가와 당신의 관심을 끌고 만다.

섹스 행태와 식욕은 별로 관계없는 것인지 모른다. 그러나 양자의 밑바탕에는 어떤 공통된 심리적 메커니즘이 있다. 궁정적인 보상을 주는 모든 행태들은 보상을 느끼는 정도에 있어서 사람마다 다른 이런 공통 메커니즘의 지배를 받는 것 같다. 바로 이 공통 메커니즘이 외향적인 사람과 내성적인 사람의 경우 서로 다르게 형성되는데, 그래서 외향적인 사람은 한 측면에서뿐 아니라 여러 측면에서 내성적인 사람과 다른 행태를 보이는 경향이 있다. 예를 들면, 외향적인 사람은 보다 사교적이고 '그래서' 보다 활동적인 스포츠를 좋아하거나, 보다 색정적이고 '그래서' 단것을 좋아한다.

외향적인 사람이 더 행복하다

이제 이 두 형태의 개성을 행복이라는 문제와 결부해 이야기해보자. 신경과민증에 걸린 사람의 경우, 그 사람의 행태를 예측하는 것은 어려운 일이 아니다. 신경과민증은 행복과는 양립할 수 없는 감정인 근심과 걱정 같은 불쾌한 감정들을 느끼는 경향을 일컫는 말이다. 따라서 신경과민증 지수가 높은 사람일수록 행복지수는 낮아진다.

〈도표 8〉 **신경과민증 지수로 본 영국 성인의 평균 행복지수**

행복지수

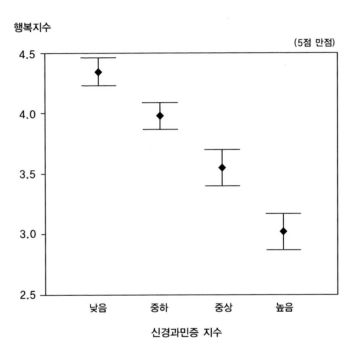

(5점 만점)

신경과민증 지수

• 위의 네 그룹은 점수 분포에 따라 나눈 것이다. N=574 ·

최근에 우리는 온라인 심리학 연구실을 통해 약 6백 명의 영국인을 대상으로 개성을 조사했다. 우리는 동시에 그들에게 자신이 전반적으로 얼마나 행복한지 1점에서 5점까지 점수를 매길 것을 요구했다. 조사에 응한 사람들의 나이와 사회 계층은 매우 다양했다. 그 결과 〈도표 8〉에서처럼 신경과민증은 행복을 예측하는 데 아주 훌륭한 도구였다. 신경과민증 지수가 가장 낮은 사람들은 별 걱정 없이 살고 있었으며 5점 만점의 행복지수에서 대략 4점 정도를 기록했다. 그러나 신경과민증 지수가 가장 높은 사람들은 2.5점을 가까스로 넘는 점수를 기록했다. 결국, 한 사람이 행복한지 아닌지 예측하는 데 있어 가장 강력한 도구라 할 수 있는 신경과민증 정도에 따라 사람들 간의 행복이 약 17%나 차이가 난 것이다.

신경과민증과 불행 간의 상관관계는 불행을 겪고 있는 예술가의 신경과민증적인 편지에서 자주 발견되었다. 그리고 신경과민증 개념이 부정적인 감정을 수반한다는 사실, 그리고 신경과민증 정도를 알아보기 위해 "자주 불행하다고 느낍니까?"와 같은 질문을 한다는 사실로 볼 때, 신경과민증과 불행 사이에 일정한 상관관계가 있는 것은 틀림없다.

보다 정교한 연구들은 행복을 두 가지로 나누는데, 그 두 가지 모두 행복을 전체적으로 판단하는 데 도움이 된다. 첫 번째 행복은 "얼마나 자주 정말 불행하다고 느낍니까?"와 같은 질문에 함축된 부정적인 행복이고, 두 번째 행복은 "얼마나 자주 정말 행복하다고 느낍니까?"와 같은 질문에 함축된 긍정적인 행복이다. 이 두 질문은 서로 완전히 독립적이다. 왜냐하면 이 두 질문에 대한 대답은 모두 "자주 그렇다"는 것이 될 것이기 때문이다.

충분히 예측할 수 있듯이, 신경과민증은 부정적인 행복지수를 예측하는 데 아주 좋은 도구다. 그러나 긍정적인 행복을 예측하는 데는 그리 좋은 도구가 못 된다. 단지 높은 신경과민 증세를 보이는 사람들은 내내 걱정하며 살면서 그 사이에 이따금 여러 즐거움을 맛볼 수 있다고 말할 수 있을 뿐이다.

이런 연구결과는 신경과민인 사람들에게는 나쁜 소식인 것처럼 보인다. 신경과민인 사람은 불만과 불행을 느끼기 쉽다. 그러나 2단계 행복이 인간의 유일한 선善이 아니라는 것을 떠올리면 그나마 위안이 된다. 많은 연구에 따르면, 예술과 공공생활에서 창조적이고 영향력 있는 사람들은 평균 이상의 신경과민증을 갖고 있다. 어떤 의미에서 보면 이들은 자신이 가진 바로 그 불만 때문에 인간의 어떤 가치 있는 영역에서

〈도표 9〉 **외향성 지수로 본 영국 성인의 평균 행복지수**

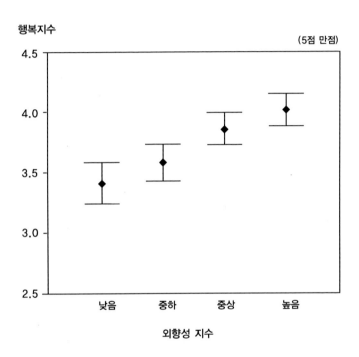

• 위의 네 그룹은 점수 분포에 따라 나눈 것이다. N=564 ·

뭔가를 성취하는 것이다. 따라서 진짜 정신병에 걸리는 일만 피할 수 있다면, 신경과민을 정신적인 장애라기보다는 어떤 뛰어난 장점을 지닌 고통스러운 축복 정도로 보는 것이 좋다.

외향적인 성격과 행복 간의 관계를 예측하는 것은 다소간 덜 직접적이다. 이미 살펴본 바와 같이, 외향적인 사람들은 내성적인 사람들보다 더 강하게 보상을 원한다. 그러나 그렇다고 해서 그들이 훨씬 더 행복한 것은 아니다. 오히려 그 반대일 수도 있다. 너무 많은 일을 열망하다 보니 그들은 오히려 많은 시간을 불만 속에 보낼 수도 있다. 더욱이, 뒤에 보겠지만, 무엇을 강렬히 원한다는 것은 일단 그것을 가진 후에 그것을 좋아하게 되는 것과는 다른 것이다.

사실, 외향적인 사람들이 더 행복한 경향이 있다. 우리의 온라인 연구에서 발견된 외향성과 행복지수 간의 관계는 〈도표 9〉에서 볼 수 있다. 우리의 다른 연구들 또한 〈도표 9〉와 같은 패턴을 보여줄 뿐만 아니라, 신경과민중에도 동일한 패턴을 보여주고 있다. 말하자면, 외향적인 사람들은 보다 긍정적인 감정을 갖고 있지만, 다른 사람들만큼이나 부정적인 감정을 가질 수도 있다. 위안이 될는지 모르겠지만, 명랑한 사교계 명사도 다른 사람과 마찬가지로 실존적 두려움과 고통을 느끼는 순간이 있는 것이다.

외향적인 사람이 더 행복한 이유는 강한 감정적인 보상을 얻으면서 세상을 살아가는 경향이 더 크기 때문이다. 어느 한 시점을 두고 볼 때, 여러분의 친구 중 외향적인 사람이 결혼했을 가능성, 그가 파티에 가 있을 가능성, 운동을 하고 있을 가능성, 친구들과 이야기하고 있을 가능성, 그리고 보다 최근에 섹스를 즐겼을 가능성이 내성적인 친구보다 더 크다. 외향적인 사람은 그 개성으로 말미암아 주어진 환경에서 일련의 보상을 느끼는 순간들이 내성적인 사람보다 많다. 따라서 그에게 기분이 어떠냐고 물어보았을 때, 그가 긍정적인 감정을 느끼고 있을 가능성이 훨씬 크다. 자신이 남과 다르게 행복하다고 느끼는 사람은 혼자서 시간을 보내는 경우가 거의 없는 외향적인 사람들이다. 따라서 행복하냐고 물어보는 바로 그 순간, 외향적인 사람은 어떤 사교모임에서 방금 돌아왔을 가능성이 크다.

다시 말하지만, 외향적일수록 더 축복이다. 왜냐하면 외향적인 사람들은 스스로를 더 행복하다고 평가하고 있기 때문이다. 그러나 최근 연구에서 우리는 외향적인 사람들의 산만함이 장기적으로 볼 때 그들 가족의 삶을 불안하게 만든다는 사실을 발견했다. 더욱이 외향적인 사람들은 심각한 사고를 겪고 병원에 입원할 위험이 더 크다. 모든 삶에는 그늘이 있기 마련이다. 따라서 외향적인 사람들이 약간 더 행복하다고 해서 부러워할 필요는 없으며, 단지 그들이 어떤 것을 잃는 대가로 좀더 행복할 뿐이라고 보면 된다.

행복과 관련된 다른 타입의 개성도 있다. 상냥함과 양심성에서 높은 점수를 기록한 사람들 또한 보다 행복한 경향을 보인다. 개성에 따라 행복이 결정되는 방식은 두 가지로 나타나는 것 같다. 첫 번째는 개성이 행복에 직접적인 영향을 미치는 경우다. 개성은 감정시스템을 조절하는데, 이 경우 쉽게 감정을 표현시키고, 따라서 개성이 행복에 직접적인 영향을 미친다. 두 번째는 개성이 행복에 간접적으로 영향을 미치는 경우다. 이 경우에 개성은 주어진 환경에서 가능한 행동들을 계획하고 평가하는 방법을 결정한다. 외향성의 경우, 개성이 행복에 직접적인 영향을 미치는 경우라 볼 수 있는데, 높은 외향성 지수를 기록한 사람들이 사교활동과 다른 유쾌한 활동에 더 많은 시간을 쓴다. 양심성과 상냥함의 경우, 개성이 행복에 간접적인 영향을 미치는 경우라 볼 수 있는데, 이 부문에서 높은 수치를 기록한 사람들은 만족감을 희생하면서 임무를 완수하려 하거나, 또는 보상을 바라지 않고 타인에게 친절하게 굴 수도 있다. 개성의 직접적이고 간접적인 영향 간의 차이는 행복을 의도적으로 어떻게 변화시킬 수 있느냐 하는 문제와 관련해 중요한 것이다.

생활환경, 개성 그리고 행복

현실적으로 발견할 수 있을지 의심스러운 일이긴 하지만, 행복을 결정하는 이런 기질적인 요인을 발견하는 것은 매우 중요한 일이었다. 재산이나 결혼 여부가 행복과는 별 관계가 없다는 말은 맞는 것 같다. 기실, 이는 생활환경과 행복 사이에 별 관계가 없다는 말이다. 예를 들면, 우리의 온라인 조사자료에서 결혼한 사람들은 우리가 예측한 대로 독신자들보다 행복했다. 그리고 그들은 또한 덜 신경과민적이었는데, 이는 그들이 하고 있는 결혼생활의 결과가 아니라 원인으로 보인다. 우리는 신경과민적인 사람들의 관계가 매우 깨지기 쉬워서 그들 중 많은 사람들이 결혼을 하지 못할 것이라고 알고 있다.

신경과민증의 영향을 배제했을 때 나타나는 독신과 기혼자들 사이의 행복지수의 차이는, 신경과민증의 영향을 감안했을 때 차이의 약 2분의 1에 불과하다. 즉, 신경과민증이란 변수를 고려하지 않아도 독신과 기혼자들 간의 행복엔 일정한 차이가 있었으며, 결혼이 행복에 미치는 인과론적 영향은 우리가 생각했던 것처럼 그렇게 크지 않을지도 모른다. 그리고 뒤에 살펴보겠지만 (약간 있을지 모르는) 그 영향조차 장기적으로는 적절한 가감이 있어야 할 것이다. 생활환경(예컨대 결혼)이 행복에 미치는 영향은 실제로는 (최소한 부분적으로는) 개성이 생활환경에 영향을 미친 결과인 것 같다. 즉, 본래 행복을 더 잘 느끼는 개성의 소유자인 외향적인 사람이 내성적인 사람보다 결혼했을 확률이 높고, 그 결혼을 통해 더 행복을 느끼게 된다고 할 수 있다.

이는 아주 일반적인 현상일 수 있다. 멜버른 대학교의 브루스 헤디Bruce Heady와 알렉산더 웨어링Alexander Wearing은 유명한 한 연구에서 수년에 걸쳐 일단의 빅토리아 지역 거주자들을 반복적으로 인터뷰하면서 개성과 인생사가 행복에 미치는 영향을 비교 연구한 바 있다. 연구결과 똑같은 사건들이 똑같은 사람들에게 반복적으로 일어난다는 사실이 관찰되었고, 이런 결과는 곧 그들의 조사방향을 결정했다. 따라서 결국, 이들은 인생사와 개성을 각각 별도로 행복에 영향을 미치는 변수로 보는 대신, 개성이 인생사에 어떻게 영향을 미치는지를 조사하게 되었다.

연구결과 신경과민증 정도가 심한 사람들에게 안 좋은 인생사가 더 많이 발생한다는 사실이 밝혀졌다. 이들의 재정과 사회적 관계는 파산에 이를 가능성이 크다. 반면에 외향적인 사람들은 여러 삶의 영역에서 보다 나은 변화를 경험할 가능성이 더 크다. 경험에 대한 개방성openness to experience: 새로운 경험을 회피하지 않고 적극적으로 추구하는 개성이라는 또 다른 개성 패턴에서 높은 수치를 기록한 사람들은 좋은 일과 나쁜 일 모두 더 많이 겪었다. 이런 개성은 행복과 상관관계가 없었는데, 그것은 아마도 좋은 일과 나쁜 일이 서로 상쇄하기 때문일 것이다.

이 연구에서 우리는 인생사가 개성에 영향을 미치는 변수가 아니란 것을 알았다. 왜냐하면 이 연구는 처음에 개성을 평가하고, 그 뒤에 수년간 인생사를 평가했기 때문이다(그리고 시간이 지나도 개성점수는 아주 일정했다). 그렇지만 개성이 인생사에 영향을 미친다는 사실을 발견한 헤디와 웨어링의 연구에는 방법론적 오류 가능성도 있다. 예컨대, 신경과민증 지수가 높은 사람들은 부정적인 사건들을 과장하고 유달리 부정적인 측면을 기억하는 경향이 있다. 따라서 지난 2년 동안 '자녀와의 심각한 말다툼'이나 '꼬리를 무는 돈 걱정' 같은 인생사가 자신에게 있었는지 평가해달라는 요청에 대해 이들은 객관적인 상황이 다른 사람과 별반 다르지 않았음에도 불구하고 그런 일이 있었다고 평가하기 쉽다.

그러나 결혼, 이혼, 또는 해고와 같이 전혀 애매하지도 않고, 예컨대 신경과민증 환자가 불행한 기억만을 선택해 떠올리는 것과 같은 선택적 기억을 하게 될 가능성도 거의 없는 확실한 사건들도 있다. 이런 일들은 올해 일어났거나 그렇지 않았거나 둘 중 하나다. 헤디와 웨어링의 연구, 그리고 그 외 다른 연구결과에 따르면, 이런 객관적인 사건의 발생은 신경과민증 및 외향성과 같은 개성과 관련이 있으며, 시간이 가도 어느 정도 일관된 경향을 보인다. 즉 어떤 개성을 가진 사람들은 계속 재앙을 겪는 반면, 다른 개성을 가진 사람들은 계속 좋은 일만 겪는다.

그런데 이런 인생사가 사람의 외부에서 야기된 일로 보인다는 점을 감안할 때, 어떻게 이런 일이 가능한가? 신경과민 증은 우울증에 걸리는 정도, 그리고 여러 육체적인 질병을 예측할 수 있게 해준다. 따라서 건강을 포함한 인생사는 신경과 민증과 분명히 관련되어 있다. 건강은 직업에도 도미노효과를 미칠 뿐 아니라(불행히도 병 때문에 많은 일을 하지 못하면 승진하기 힘들다), 아마 가족생활에도 도미노효과를 미칠 것이다. 특히 우울증은 사회생활과 결혼생활에 매우 치명적이며 아주 형편없는 결정을 하게 만든다. 신경과민증 수치가 높은 사람들은 우울할 때 내린 결정 때문에 파국을 맞는 경우가 종종 있다.

그런데 외향성의 경우, 개성과 인생사 간의 관련성을 찾기가 더 어렵다. 외향적인 사람들은 더 많은 위험을 감수하는 경향이 있다. 그러나 그런 위험 감수가 긍정적인 결과뿐 아니라 부정적인 결과도 증가시킬 수 있다. 외향적인 사람들의 이런 열정과 긍정적인 에너지는 종종 자기충족적인 예언그러리라 고 생각했던 믿음이 현실이 되는 것–옮긴이이 될 수 있다. 그리고 이들의 뛰어난 사교성은 분명히 일과 업무에 관심이 많은 일군의 사람들을 주위로 끌어 모은다는 것을 의미하는데, 사교성이 뛰어난 외향적인 사람 주변에 모여 있는 일군의 사람들은 외향적인 사람이 실패할 경우 바로 그를 추월하려는 사람들일 수도 있다. 요컨대 외향적인 사람의 인생사가 항상 좋은 것이 될 수는 없는 것이다.

헤디와 웨어링의 연구에 따르면, 인생사와 행복 간의 관계는 실제로 개성과 행복 간의 간접적인 관계이다. 이것이 의미하는 바는, 세 번째 장 〈사랑과 일〉에서 생활환경과 행복 사이의 관계를 조사할 때 나타난 것처럼, 우리는 행복을 평가함에 있어 거의 확실히 인생사의 중요성을 '과대평가'한다는 것이다. 이런 주장을 하면서, 헤디와 웨어링은 인생사의 영향은 시간이 감에 따라 조정될 것이지만, 인생사는 개성의 간접적인 영향 이상으로 행복에 진짜 영향을 미쳤다고 결론 내렸다.

세 번째 장과 이번 장에서 살펴본 바와 같이, 행복에 영향을 미치는 주요 요인들을 요약해보자. 그 방법으로 가장 좋은 것은 각각의 요인이 행복에 얼마나 영향을 미쳤는지 검토하는 것이다. 이는 어떤 결과에 영향을 미치는 모든 요인들을 함께 다루는 방법이 가진 상대적인 장점 때문에 통계학자들이 주로 사용하는 방법이다.

예를 들면, 만약 우리가 한 사람이 얼마나 행복한지 가능한 정확하게 예측해야 하지만 그 사람에 대해 아무것도 아는 게

없다면, 우리는 단지 그 사람의 행복을 추측할 수밖에 없다. 이 경우 우리는 모집단 사람들의 평균점수를 택해 그 사람이 얼마나 행복한지 추측하려 할 것이다. 이 경우, 우리의 추측을 실제 행복점수와 비교할 때 일정한 오류가 발생하기 마련이다. 그런데 어떤 사람이 우리에게 대상자에 대한 한 가지 정보를 주었다고 가정해보자. 만약 그 정보가 우리가 연구하

〈도표 10〉 **각 요인들이 행복에 미치는 영향**(예측치)

요인	행복에 미치는 영향
성별	1%
나이	1%
소득	3%
사회계층	4%
결혼 여부	6%
신경과민증	6~28%
외향성	2~16%
다른 개성요인	8~14%

• (신경과민증이 결혼 상태를 거쳐 행복에 이르는) 간접적인 영향은 고려되지 않았다. 따라서 특정한 상황적 요인(결혼 여부, 사회계층 등)의 중요성은 과대평가되었다.

고 있는 모집단 사람들의 행복의 차이를 100% 설명해준다면, 우리는 아주 정확하게 그 대상자의 행복을 예측할 수 있다. 이때 오류는 전혀 없을 것이다. 반면에, 우리가 받은 정보가 모집단의 행복의 차이를 단지 1%만 설명해준다면, 우리는 아무런 정보 없이 그저 추측할 때보다 아주 약간 나은 정도의 예측만 할 수 있을 뿐이다. 이때 우리는 아무런 정보 없이 그저 추측할 때와 별 다름없는 평균 99%의 오류를 범하게 된다. 만약 그 정보가 행복의 정도 차이를 50% 설명해준다면, 우리의 오류는 반으로 줄어든다. 따라서 우리는 다양한 형태의 정보에 따라 이런 정보를 얻었을 때 행복의 차이는 얼마나 설명될 수 있는지 표로 만들어볼 수 있다(〈도표 10〉 참조).

서로 다른 요인들이 각각 어떤 관계를 맺고 있는지 정밀하게 분석해보려는 시도와는 다른 매우 단순한 이러한 분석을 통해서도 우리는 개성과 같은 사람의 내적 요인이 객관적인 요인보다 행복에 더 큰 영향을 미친다는 사실을 분명히 알 수 있다. 10년 후에 한 남자가 얼마나 행복한지 알아보려면, 그가 10년 후 40대가 되어 있을 것이라거나 그가 남자라는 사실을 굳이 고려할 필요가 없다. 또한 그가 10년 후에는 인구 5% 안에 드는 소득을 올리고 커다란 저택을 가진 치과의사가 되어 있을 것이라는 사실도 고려할 필요가 없다. 더욱이 그가 만나게 될 아름답고 섹시한 아내나 그녀가 낳을 세 명의 자녀도 고려할 필요가 없다. 대신, 그의 개성을 살펴보거나 지금 현재 그가 얼마나 행복한지 물어보기만 하면 된다.

이는 다소 냉정한 결론이며, 어떤 사람들을 미리 우울하게 만들 수도 있다. 왜냐하면 여러분의 행복지수가 자신의 기질에 의해 결정된다면, 아무리 행복해지려고 노력해도 소용없다는 것을 의미하기 때문이다. 여러분의 행복수준은 며칠 동안 무기력한 나날을 보낸 후에도 전혀 변하지 않을 것이다. 라이켄과 텔레겐이 같은 연구보고서에서 말하고 있는 것처럼 "더 행복해지려고 노력하는 것은 키를 더 키우려고 노력하는 것처럼 헛되고, 따라서 비생산적인 일이다". 분명 이는 많은 인간의 정당한 열망을 공허한 광대 짓으로 만드는 말이다. 사람들은 하나의 대안이 다른 대안보다 자신을 더 행복하게 만들어줄 것이라고 믿기 때문에 선택을 한다. 사람들은 그런 믿음을 가져야 한다. 그렇지 않으면 무관심해지고, 체념하게 되며, 궁극적으로 불만에 가득 차게 된다.

이런 절망상태에 대해 두 가지 반응이 있다. 첫째는, '쉽게 변하지는 않는 것'과 '변할 수 없는 것'에는 차이가 있다는 것이다. 대부분 사람들의 달리기 능력은 생물학적 이유로 나이가 들면서 쇠퇴한다. 그러나 어떤 사람들은 중년의 나이에 운동을 시작해 이런 현상을 계획적으로 거스른다. '생물학적' 요인은 어떻든 바꿀 수 없고 결정적이지만, '사회적' 요인은 인간의 자유를 위한 여지와 희망을 남겨준다는 일반적인 인식이 있다. 기실, 생물학적 원인을 가진 일과 사회학적 원인을 가진 일의 변화가능성은 별 차이가 없다. 예를 들면, 행복이 전적으로 소득에 의해 결정된다고 가정해보자. 우리가 사는 이 사회에서 대부분의 사람들이 급격히 소득을 늘리는 것은 불가능한 일이다. 기실 한 사람의 25세 때 수입을 보면 그 사람의 55세 때 수입을 예측할 수 있다. 따라서 그 원인이 생물학적인 것이 아니라 해도 사람들의 변화 가능성은 적다.

생각건대, 개성이 행복에 미치는 영향을 살펴본 바에 따르면, 행복은 세상 그 자체에서 오는 것이 아니고 사람들이 세상을 대하는 방식에서 온다. 이는 사람들이 생을 살면서 직접 할 수 있는 몇 안 되는 일 중 하나다. 여러분은 그렇게 하기 위해 이용할 수 있는 모든 자원을 이미 갖고 있다. 그리고 자신을 둘러싼 세상을 바꾸는 것보다 자신을 바꾸는 것이 아마도 더 쉬울 것이다(그리고 그렇게 하는 것이 확실히 훨씬 싸게 먹한다). 그리고 여러 인생사 연구들은 만약 여러분이 자기 자신을 변화시키면 외부세계도 그에 맞춰 변하기 시작할 것이라고 말해주고 있다.

이미 살펴본 바와 같이 신경과민증은 불행을 가장 잘 예측해주는 유일한 지표다. 신경과민증이 심한 사람은 항상 부정적인 생각과 감정에 휘둘릴 것이다. 그것을 바꾸지 못한다. 그러나 이런 문제를 처리하는 획기적인 테크닉이 있으며, 그 테크닉으로 자신을 훈련시킬 수 있고, 그를 통해 자신을 크게 변화시킬 수 있다. 그런 테크닉은 여섯째 장 〈만병통치약과 플라시보 효과〉에서 살펴볼 것이다. 그리고 외향적인 성향이 강한 사람들은 친구를 사귀기로 작정하거나 많은 운동을 할 필요가 없을 것이다. 왜냐하면 그런 일들은 억지로 하지 않아도 자연스럽게 진행될 것이기 때문이다. 외향적인 성향이 약한 사람들은 친구를 사귀는 일에 나서거나 운동을 하는 일 등이 즐거움의 원천이 된다는 사실을 의식적으로 상기할 필요가 있다. 그리고 일단 그렇게 하면 그런 일을 즐기는 능력이 다른 사람들처럼 강해질 수도 있다. 따라서 단지 그런 일들을 보다 의도적으로 시작하면 된다.

종합적으로 말해, 행복은 불변의 것이기 때문에 행복을 추구하는 인간의 행위는 적절치 못하다는 결론은 협의에 있어서 행복은 단지 그것을 추구하는 것에만 가치가 있다는 입장인데, 이는 그렇지 않다. 인간이 어떤 일을 선택하는 것은 그 선택이 즐거움과 근심이라는 느낌에 영향을 주기 때문만이 아니라 관심, 평등, 아름다움, 정의, 조화, 그리고 공동체와 같은 보다 광범위한 선에 영향을 미치기 때문에 의미 있는 행위다. 따라서 개성 연구는 자신이 이미 느낀 기쁨과 근심에 완전히 마음을 빼앗겨서는 안 된다는 교훈을 주는 것 같다. 마틴 셀리그만이 주장한 것처럼 이와 같이 이미 느껴버린 감정, 이미 지나간 일들을 변화시키는 일에 몰두하는 것은 그리 효과적이지 않다. 대신, 우리는 그런 것들을 삶의 맥락 속에 던져버리고 그런 것을 초월해 보다 넓은 삶의 지평으로 눈을 높이는 법을 배워야 한다.

Happiness

원하는 것과
좋아하는 것
Wanting and Liking

뇌 속에 존재하는 행복, 세로토닌

올더스 헉슬리Aldous Huxley의 예언적 소설 《멋진 신세계Brave New World》(1931)는 영국을 불행이 사라진 곳으로 묘사하고 있다. 신세계의 아이들은 12세가 될 때까지 "모든 사람은 지금 행복하다"라는 주문을 매일 밤 150번 암송해야 한다. 유전공학, 엄격하게 통제되는 성장환경, 그리고 어린 시절부터 실시되는 집중적인 마인드컨트롤 훈련 등으로 완전한 행복이 보장된다. 그러나 성인이 될 때까지 남아 있는 약간의 불만을 없애기 위해 '소마'soma라는 것이 있는데, 소마는 매일 복용하도록 권고되는, 사실상 거의 강요되는 종합처방약이다. 이 약은 모든 불만을 없애버린다. '1입방 센티미터의 약이 모든 우울한 감정을 치료한다'는 것이다. 소마는 사람들을 일주일 동안 일에 종사하게 할 뿐만 아니라 사회통제 수단으로도 사용된다. 소마를 한번 분사하면 혁명으로 변할 수 있는 시위나 폭동도 쉽게 해산된다.

헉슬리의 풍자가 매우 통찰력 있고 지금 봐도 신선한 것이지만, 그가 묘사한 대부분의 기술적 측면들(예를 들면, 항아리에서 성장하는 아기들)은 그가 그런 글을 썼을 당시만큼이나 억지스럽고 부자연스럽다. 소마는 어떠한가? 행복한 상태를 만들어내는 특별한 효과를 가진 약이 정말 존재할 수 있는가? 이는 사람들을 행복하게 만들기 위해 조작할 수 있는 구체적인 영역이 뇌 속에 있다는 것을 의미하는데, 그런 영역이 무엇인지에 관한 구체적인 증거는 있는가?

실생활에서 소마와 가장 비슷한 것은 프로작Prozac 같은 항우울제이다. 합성 항우울제의 상표명인 프로작은 선택적 세로토닌재흡수억제제SSRIs: Selective Serotonin Reuptake Inhibitors라고 불리는 새로운 세대의 항우울제 중 최초의 것이다. SSRI 이전의 항우울제들은 병적 우울증을 치료하는 데 다소 효과적이었지만 졸음, 체중 증가, 시력 저하, 갈증 등 광범위한 부작용을 낳았다. SSRI는 우울증 치료에 있어 그 이전의 항우울제들과 거의 비슷한 효과를 냈지만 부작용은 적었다. 기실, 한 환자그룹은 이 새 약을 복용하고 '매우 좋은 기분'을 느꼈다고 보고했다. 우울증을 경험한 적이 없는 건강한 임상실험 자원자들의 경우, SSRI를 복용하자 외향성과 긍정적인 감정 수치가 증가했다. 비록 그 효과가 극적인 수준은 아니었지만 충분히 감지할 수 있는 정도는 되었다. SSRI는 또한 극단적인 수줍음을 수반하는 대인공포증social phobia을 포함한 여러 병들을 치료하는 데 효과적이라는 사실이 입증되었다.

SSRI는 열렬한 환영을 받았다. 프로작은 미국에서 1988년 처음 시판되었다. 그 후 10년 동안 미국과 영국을 포함한 많은 선진국에서 항우울제 사용이 100~200% 증가했는데, 그것은 SSRI의 복용이 증가했기 때문이다. 미국과 영국에서 SSRI를 복용하는 인구의 비율이 3%를 넘는 등 SSRI 복용률은 매년 6~10%씩 계속 증가하고 있다. 병적 우울증에 시달리는 사람들에게 SSRI는 생명줄과 같다. 그러나 인간으로서 느끼는 정상적인 고통으로부터 단지 화학적으로 도피하기 위해 SSRI를 복용하는 사람들이 많은 것 같다. 이는 독일과 프랑스의 SSRI 복용률이 경제적으로 비슷한 수준인 영국의 SSRI 복용률의 50%도 안 된다는 사실에서 일부 드러난다.

프로작은 소마가 아니다. 건강한 임상실험 자원자들에게 프로작의 효과는 미묘한 구석이 있다. 게다가 효과를 보기 위해서는 몇 주간 약을 복용해야 한다. 그 이유는 관련된 생체 시스템에 미치는 프로작의 작용이 아주 간접적이기 때문이다. SSRI는 중요한 신경전달물질인 세로토닌을 없애는 메커니즘을 무력화시킨다. 그래서 뇌세포들의 한쪽 말단에서 세로토닌 수치가 증가하고, 그러면 뇌세포들이 재조율되어 더욱 활발해진다. 이렇게 되면 그 세포의 다른 말단에서 세로토닌의 활동이 증가되며, 그렇게 될 때에만 항우울 작용이 진행된다. 이와 대조적으로 소마는 곧바로 긍정적인 감정을 만들어내고 부정적인 생각을 제거해버린다.

그런데 놀랍게도 최근에 소마와 비슷한 것이 발견되었다. 원래 식욕감퇴제로 만들어졌던 합성 d-펜플루라민은 세로토닌을 사용하는 뇌세포의 활동을 직접 자극한다. 한 중요한 연구에서, 실험참가자들은 부정적인 태도와 생각에 관한 설문지를 받았다. 그 설문지는 "내가 만약 다른 사람들처럼 하지 못한다면 그것은 내가 열등한 인간이라는 것을 의미한다"와 같은 문항에 '그렇다' 혹은 '아니다'로 대답할 것을 요청했다. 실험을 시작했을 때 참가자들에게 설문의 2분의 1에만 답하도록 했다. 정상적인 상황에서는 앞부분과 뒷부분의 설문결과는 매우 일관성을 보인다. 그런 후 참가자들은 d-펜플루라민 혹은 약리작용이 없는 비약리성 물질을 한 알씩 복용했다. 한 시간 후 이들은 다시 나머지 설문에 응했다. 그 결과 d-펜플루라민을 복용한 그룹은 부정적인 생각과 믿음이 감소한 반면, 비약리성 물질을 복용한 그룹은 아무런 변화도 보이지 않았다.

1그램의 약이 모든 부정적인 생각을 없애버린 것이다!

d-펜플루라민의 효과는 새로운 발견이었고, 그것이 어떤 느낌을 주며, 그 효과는 얼마나 오래가고 얼마나 광범위한지에 대해선 아직 많은 연구가 필요하다. d-펜플루라민은 원래 비만치료제로 나온 것이지만 심장 부작용에 대한 우려 때문에 폐기되는 상황에 이르렀으며, 이로 인해 항우울제로는 발전하지 못할 것이다.

d-펜플루라민과 SSRI가 작용하는 뇌 화학물질인 세로토닌은 이른바 '행복 화학물질'로 사람들에게 인식되어, 심리학 서적들은 '세로토닌 수치가 낮은 사회를 치료하기'와 같은 부제를 달기도 했다. 세로토닌은 정말 뇌에 존재하는 행복인가? 만약 그렇다면, 그것은 어떤 작용을 하는가? 그것은 왜 뇌에 존재하는가? 그리고 그것은 뇌의 나머지 부분과 어떤 상호작용을 하는가? 사실, 이미 알려진 것처럼 뇌의 많은 시스템들이 욕망과 쾌락과 만족에 관여하고 있기 때문에 상황은 복잡하다. 그러나 우리는 이 시스템들을 이해하기 시작하는 중이며, 그 시스템 조직은 행복이 작동하는 방식을 흥미롭게 밝혀주고 있다.

뇌가 느끼는
욕망과 쾌감

PET 스캐너(뇌 활동을 실제로 볼 수 있는 X선 단층 촬영장치)는 뇌를 들여다볼 수 있는 창과 같다. 이 장비는 머리 주변에 부착되는 센서들로 이루어져 있는데, 이 센서들은 방사능을 추적해 3각 측량법으로 아주 정확히 그 방사능의 위치를 밝혀낸다. 촬영 대상자에게는 촬영 몇 분 전에 방사능 신호를 내는 일종의 포도당이 주사된다. 뇌의 내부에서 이 포도당은 자신이 방출하는 방사선에 의해 추적된다. 이 포도당은 뇌세포의 신진대사가 활발한 곳으로 흘러 들어가며, 따라서 PET 스캐너가 그려내는 뇌의 지도는 촬영 당시 뇌의 어떤 부분이 활발하게 활동하고 있는가를 보여주는 지도가 된다.

코카인 중독자가 이 PET 기계에 누워 코카인을 흡입하는 상상을 할 때, 뇌의 중심부에 있는 두 부분이 특히 활발해진다. 이 두 부분은 편도amygdala: 감정을 담당하는 것으로 알려진 뇌의 한 영역와 측좌핵nucleus accumbens: 심리적 중독작용을 담당하는 뇌의 한 영역이다. 감정반응에서 편도의 역할은 이미 오래전부터 이해되어 왔다. 편도는 우울과 공포와 같은 감정에서 과민반응을 보이며, 동물이나 사람 모두 편도가 제거되거나 피해를 입으면 감정 진행과정이 약화되는 이상한 증세가 발생한다. 편도가 제거된 실험용 원숭이나 쥐는 당연히 두려워해야 할 대상에 두려움을 느끼지 않고, 음식이 아닌 엉뚱한 것을 먹으려 하며, 전혀 다른 대상과 짝짓기를 하려고 하는 등 감정조절 능력을 상실한다.

반대로, 편도를 자극하면 실험용 원숭이나 쥐들은 과도하게 겁을 먹는다. 질병이나 뇌수술 등으로 편도에 손상을 입은 사람들도 얼굴 표정이나 목소리 톤을 통해 공포를 표현하는 감각을 상실한다. 그렇다고 해서 편도가 부정적인 감정과만 관계된 것은 아니다. 원숭이가 혀로 과일주스의 단맛을 느끼거나 주스 병이 가까이 있는 것을 보면, 편도가 갑자기 활성화되기 시작한다. 따라서 편도는 적절한 감정반응을 통해 그에게 주어진 지각정보를 포착하면서 '감정의 허브' 역할을 하는 것으로 이해된다.

편도는 측좌핵과 가깝고 또 아주 긴밀히 연계되어 있다. 측좌핵은 뇌의 깊은 곳으로 움직이며 도파민을 이용해 서로 소통하는 신경세포들이 도달하는 최종 말단부이다. 모르핀 같은 자극물질이 쥐의 측좌핵에 퍼지면, 그 쥐는 식욕을 느긴다. 반면, 측좌핵과 연결된 도파민 경로상에 있는 신경세포들이 다른 약물에 의해 억제될 경우, 실험용 쥐들은 우리 안에 있는 맛있는 음식 등과 같은 보상에 별 관심을 기울이지 않는다.

요컨대 이런 도파민시스템이 하고 있는 일은 쾌감을 조절하는 일이다. 즉, 우리가 어떤 활동을 통해 쾌감을 얻거나 기대할 때, 측좌핵—도파민시스템 내의 세포들이 활발히 움직인다. 이를 증명해주는 일련의 증거가 있다. 원숭이의 경우, 좋은 음식을 맛보았을 때뿐 아니라 그 음식을 먹을 수 있다는 것을 인식하자마자 측좌핵에 있는 세포들이 활발하게 움직이기 시작한다. 더욱이, 거의 모든 유명한 중독성 약물(코카인, 암페타민, 헤로인, 아편, 담배)들은 도파민을 이용하는 세포들에 영향을 미친다. 예를 들면, 코카인은 도파민을 파괴하는 효소의 작용을 억제해 결과적으로 잉여 도파민이 신경세포들 사이에 축적되도록 만들고, 암페타민필로폰의 학술 명칭—옮긴이은 잉여 도파민이 신경세포들 사이에 퍼지도록 한다. 도파민에 직접 작용하는 코카인이나 암페타민과 달리 헤로인, 모르핀, 담배 등은 다소간 보다 간접적인데, 이들은 다른 화학시스템에 작용해 그를 통해 간접적으로 도파민 생성 신경세포들에 영향을 미친다. 그러나 이들의 영향 역시 강력하다. 그리고 매력적인 여성의 사진을 보았을 때 남성의 측좌핵 활동 또한 증가한다.

이런 여러 현상 중 가장 두드러진 것은 '뇌자극 보상' 현상이다. 소형 전극봉들을 뇌의 어떤 부분에 삽입했을 때, 동물들은 그 전극봉의 전기활동에 중독된다. 소량의 전류를 뇌의 한 영역에 흘려보내면, 뇌기능이 정상일 경우 전류가 흐른 뇌의 영역이 매우 활발해지는 효과가 발생한다. 특별히 활발해지는 한 영역이 있는데, 그것은 외측시상하부라는 곳으로 쥐와 원숭이들은 이곳에 전기가 들어오는 일이라면 무엇이든 하려고 한다. 만약 전류가 단속적으로 흐르면, 그때는 음식과 섹스 같은 다른 '쾌감' 추구 행동이 증대된다. 만약 전류가 지레를 누를 때만 흐른다면, 동물들은 대부분의 시간과 에너지를 지레를 누르는 데 사용할 것이다. 기실, 이들은 극도의 자극을 얻기 위해 수천 번이라도 지레를 누를 것이다. 이런 자극보상을 얻으려고 하는 중에는 오로지 자극만을 추구하면서 성적으로 매력적인 이성이나, 음식, 심지어는 물에도 관심을 기울이지 않는다.

이런 실험을 사람에게 하는 것은 어려운 일이지만, 실제 행해진 적이 있다. 1960년대와 1970년대에 뇌수술은 심각한

〈사진 3〉 전기적 쾌감: 쥐의 뇌자극 보상 실험

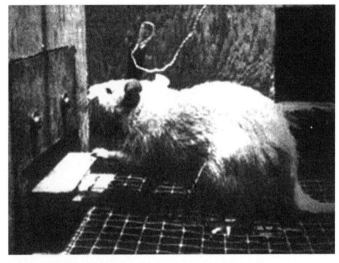

- 뇌의 외측시상하부에 전류가 닿으면 쥐는 극도의 쾌감을 느낀다. 쥐가 지레를 누르는 순간 전류를 흘려보내자 쥐는 쉬지 않고 지레를 눌러댔다.

간질과 여타 신경병 그리고 때로는 정신병을 치료하기 위한 한 수단으로 여겨졌다. 보통 뇌조직의 특정 부분을 파괴하거나 절단하기 위한 준비작업으로 외과의사들은 작은 전극봉을 뇌의 다른 부분에 심고 전류를 흘려보냈다. 그러자 쥐의 중뇌 보상경로에 해당하는 인간의 뇌의 한 부분인 피질하부 부분이 자극을 받자 환자는 행복감을 느꼈다. 걱정이 사라졌고, 신비로움, 평온함, 그리고 오르가슴과 비슷한 도취감을 느꼈다. 스스로 자극하는 것이 허용되었다면 환자들도 쥐와 똑같은 행동을 했을 것이다. 따라서 뇌에 대한 전기자극은 우울증을 치료할 수 있는 한 방법이다.

이보다 덜 직접적인 치료방법도 연구되고 있다. 예를 들면 뇌 자기자극법에서, 머리둘레에 코일을 두르고 자기장을 만들어냄으로써 뇌조직에 전기변화를 유도하는 방법이 있다. 이 방법을 사용하면 두개골에 외과수술을 가하거나 직접적인 전기충격을 가할 필요가 없다. 이 방법은 아직 초기 단계지만 우울증을 치료하는 데 도움이 된다.

쥐의 뇌자극 보상의 주요영역인 외측시상하부는 측좌핵 도파민시스템과 직접 연결되어 있다. 기실, 쥐들은 전기자극을 얻기 위해 가능한 열심히 지레를 밟아 측좌핵에 직접 도파민을 주입시키려고 할 것이다. 따라서 이 모든 과정은 쾌감행동을 조절하는 것이다. 도파민 주입이나 전기자극이 실로 환상적인 어떤 일을 하는 것과 비슷한 효과를 내는 것으로 보인다. 그러나 최근 더 흥미로운 실험이 진행되고 있다.

약간의 관심을 갖고 쥐가 음식을 취할 때 하는 행동을 자세히 관찰해보면, 음식에 대한 쥐의 반응이 어떤 것인지 판단할 수 있다. 좋아하는 음식을 보면 쥐는 앞발을 핥는다. 싫어하는 음식 앞에서는 머리를 흔들고 얼굴을 비벼댄다. 외측시상하부에 자극이 가해지면 쥐는 더 많이 먹어댄다. 그러나 쥐의 얼굴표정은 쥐가 음식물을 더 이상 즐거워하지 않는다는 것을 보여준다. 기실 얼굴표정으로 판단하면, 동물들은 원하던 음식을 실제로는 '좋아하지 않는다'. 반대로, 도파민 시스템의 작동을 막기 위해 도파민 차단약물을 사용하면, 쥐는 맛있는 음식물에 둘러싸여 있어도 굶을 것이다. 그러나 쥐의 혀에 달콤한 용액을 부어주면, 쥐들의 표정은 그 맛을 통해 정상적인 쾌감을 얻고 있다는 것을 보여준다. 달리 말해, 무엇을 '원하는 것'wanting을 통제하는 메커니즘은 원하는 것을 얻은 후 그것을 '좋아하는 것'liking을 통제하는 메커니즘과는 다르다. 따라서 원하는 것과 좋아하는 것은 결국 논리적으로 아주 다르다. 여러분은 무엇을 아주 열렬히 원할 수는 있지만, 일단 그것을 얻고 나면 거의, 또는 전혀 기쁨을 느끼지 못할 수도 있다.

원하는 것과 좋아하는 것이 다른 것이라는 논지에 대한 인간심리학적 사례가 있다. 우리가 이미 살펴본 바와 같이, 사람들은 원하는 것을 얻는 것이 행복에 어떤 영향을 미치는지 잘 알지 못하며, 원하는 것을 얻으면 대단히 좋은 변화가 일어날 것이라고 비현실적으로 상상할 뿐이다. 이는 우리가 뭔가를 원한다는 사실을, 그것을 얻었을 때 우리가 행복해질 것이라는 가정과 혼동하기 때문이다.

도파민시스템에 작용하는 약물들은 매우 중독성이 강하다는 공통점이 있지만, 실제로 그것 모두가 아주 만족을 주는 것은 아니다. 예를 들면, 니코틴은 사람들에게 별로 즐거움을 주지 못하는데도 불구하고 사람들은 흔히 그것에 중독된다. 이런 약물들은 이른바 욕망시스템wanting system을 자극함으로써 그 자체로 완전한 마케팅 상품이 된다. 만약 여러분이 담배를 피우는 사람이라면, 화학작용에 속아 실제로는 즐겁지도 않은 일을 하는 데 많은 돈과 시간을 쓴 꼴이 된다.

도파민시스템은 아편과 비슷해 오피오이드opioids: 아편과 유사한 마취 및 진통작용을 하는 화학물질라고 불리는 일종의 뇌 화학물질과 상호작용한다(이런 종류의 물질로 인위적으로 제조된 것이 아편제이고, 오피오이드는 자연물질이다). 오피오이드는 직접적으로 쾌감을 증진시키는 것으로 보인다. 오피오이드는 단맛을 본 쥐의 뇌에서 분비된다. 아편제를 쥐의 뇌의 넓은 영역에 주입하면 쥐는 음식을 더 많이 먹을 뿐 아니라 음식에 대해 더 긍정적인 태도를 취한다. 그리고 사람의 경우, 오피오이드 차단약물을 복용하면 맛있는 음식을 덜 맛있는 것으로 느낀다.

헤로인과 모르핀(아편제) 같은 약물은 생체가 만들어내는 오피오이드와 비슷한 작용을 하는데, 바로 이런 작용이 도취감을 유발한다고 여겨진다. 아편제와 오피오이드는 강력한 진통제이기도 하다. 이는 매우 흥미로운 현상이다. 앞서 주장한 것처럼, 쾌감과 같은 긍정적인 감정이 하는 기능은 사람들로 하여금 서로 상반된 요구를 무시하고 자신에게 이로운 활동을 계속하도록 만드는 것이다. 따라서 쾌감을 주는 활동에 의해 분비되며 다른 신호들을 없애버리는 오피오이드를 취하는 것은 쉽게 있을 수 있는 일이다. 만약 여러분이 꿈에 그리던 이성과 함께하게 되면, 음식이나 멍든 무릎에는 신경 쓰지 않으려 한다. 자연 농축물의 수백 배나 되는 인공 아편제로 이런 효과를 증폭시키면, 모르핀 마취효과를 얻게 된다.

오피오이드와 도파민시스템은 서로 연계되어 있으며, 마찬가지로 좋아하는 것과 원하는 것도 서로 관련되어 있다. 치료를 받고 있는 헤로인 중독자들에 대한 최근의 연구는 이런 상호작용이 어떻게 이루어지는지 보여주고 있다.

실험대상인 헤로인 중독자들은 지레를 밟는 조건으로 주사를 맞았는데, 어떤 땐 모르핀을 또 어떤 땐 단순히 식염수를 주사했다. 주사액을 얻기 위해서 그들은 45분 동안 지레를 3천 번 눌러야 했다. 그리고 그들은 얼마나 많은 쾌감을 얻었는지에 따라 주사액에 약물이 들어 있었는지 아닌지를 보고했다. 적당량의 모르핀을 주사한 경우, 실험대상자들은 그 주사액이 쾌감을 준 것으로 보고했으며 그것을 얻기 위해 계속 지레를 밟았다. 식염수를 주사한 경우, 실험대상자들은 그 주사액이 전혀 쓸모없고 도움이 안 된다고 보고하면서 지레를 밟으려 하지 않았다. 약물을 아주 적은 양만 주입한 경우에, 실험대상자들은 여전히 그 주사액이 쓸모없고 도움이 안 된다고 평가했지만, 이들은 많은 양의 약물을 주사 받은 경우처럼 주사액을 얻기 위해 아주 열심히 지레를 밟아댔다. 달리 말해, 적은 농도로 욕망시스템wanting system을 활성화시키는 데는 충분했지만, 호감시스템liking system을 활성화시키는 데는 부족했던 것이다.

이런 약물들은 진화과정에 걸쳐 우리에게 좋은 것들이었던 섹스, 좋은 음식, 물, 그리고 안전 등에 대한 우리의 자연스러운 반응을 (증폭시켜) 모방한 것이다. 관련된 연구들은 우리의 자연적인 시스템에서도 욕망desire: 즉, 원하는 것wanting과 쾌감pleasure: 즉, 좋아하는 것liking 간에는 흥미로운 단절이 존재할 수 있다는 점을 시사해주고 있다. 멋진 이성과 짝짓기 하는 것과 같이 강력하고 직접적으로 종족보존과 생존적합성을 높여주는 일은 원하는 것과 좋아하는 것 모두를 동시에 활성화시킨다. 따라서 우리가 그때 좋은 감정을 느꼈다면 우리는 동시에 그것을 다시 원한다(그리고 오피오이드 마취효과로 인해 무릎에 멍이 들었다는 사실도 까맣게 잊어버린다). 그러나 수입이나 사회적 지위가 약간 상승한 것과 같이, 생존적합성을 약간만 높여주는 일들은 욕망시스템을 작동시키는 데는 충분하지만 쾌감을 가져다주기엔 부족하다. 바로 이것이 우리가 쾌감이나 행복을 증진시키지도 않는 일을 종종 아주 열심히 하는 이유다. 적은 약물에 쾌감을 느끼지 않으면서도 욕망시스템이 작동하여 주사액을 얻기 위해 열심히 지레를 눌렀던 약물 중독자들처럼 우리는 어떻게든 그렇게 해야 한다고 느끼는 것이다.

세로토닌의 기능

이런 연구들은 욕망과 쾌감이 뇌에서 어떻게 발생하고 있는지 설명해준다. 그러나 행복은 이 둘과는 다른 것이다. 소마가 만들어낸 것은 평온함, 만족감, 그리고 행복감이다. 바로 이런 것과 관계된 것이 세로토닌시스템이다.

우리가 살펴본 바와 같이, d-펜플루라민을 통해 뇌에서 직접 세로토닌 활동이 증가하면 걱정이나 두려움 같은 부정적인 감정과 생각들이 감소한다. 세로토닌을 증가시키는 약물들은 우울증뿐 아니라 근심, 공포, 두려움을 감소시키는 데도 효과적이다.

이 약물들은 또한 강박장애obsessive-compulsive disorder를 치료하는 데도 사용될 수 있다. 강박장애란 사람이 일상적인 일을 체크하거나 손을 씻는 등과 같은 생각이나 행동을 계속 되풀이해야만 한다고 느끼는 상황이다. 사람들은 종종 일상적인 일을 하지 않을 때 발생할 부정적인 결과에 대해 걱정하기 때문에 강박장애는 어찌 보면 근심의 한 형태로 볼 수 있다. 따라서 세로토닌 강화제는 부정적인 감정시스템을 해체하는 것으로 보인다. 비슷하게, 여러 연구들은 우울증에 시달리고 자포자기적이며 폭력적인 사람들의 혈액이나 뇌에서 세로토닌 활동이 유달리 적다는 증거를 찾아냈다.

그렇다면 세로토닌시스템이 하는 일은 무엇인가? 이 문제는 아직 분명하지 않다. 그러나 한 가지 가능성을 말하자면, 세로토닌은 긍정적인 감정과 부정적인 감정 사이에 균형을 맞추는 특정한 뇌 영역의 흐름이라는 것이다. 분명, 삶에 있어서 긍정적이고 부정적인 동기들은 서로 갈등하고 있는데, 양자 간 최적의 균형은 주어진 상황에 달려 있다. 예컨대, 과일을 발견한 원숭이는 그것을 먹어대기 위해 얼마나 노력할 것인가(긍정적인 동기), 그리고 그런 가운데 포식동물을 경계하기 위해 얼마나 노력을 기울일 것인가(부정적인 동기) 하는 딜레마에 빠지게 된다. 이 경우 다시 말하지만, 양 감정의 최적의 균형은 주어진 상황에 의해 결정된다. 트인 들판에서는 부정적인 시스템이 우세할 것이다. 그러나 한입 맛본 후에 나무 위로 올라가 안전해진 다음에는 향락적인 기분을 느끼게 될 것이다.

더 중요한 것은, 부정적인 감정과 긍정적인 감정의 올바른 균형은 원숭이 자신에게 달려 있다는 것이다. 한 집단의 외부로부터 새로 들어온 낮은 서열의 원숭이는 마음 놓고 즐기다가는 다른 원숭이들에게 두들겨 맞을 것이기 때문에 무엇보다도 경계심을 늦춰서는 안 된다. 반면, 우두머리 암컷은 무리의 중심부에서 가장 안전한 위치에 있기 때문에 다른 암컷에게는 아무런 두려움도 느끼지 않으며, 포식동물에 대해서는 다른 암컷보다 상대적으로 덜 두려움을 느끼면서 유유자적 어슬렁거릴 수 있다.

세로토닌 강화제는 부정 및 긍정적인 감정시스템의 상대적 비중을 변화시켜 행동에 영향을 미친다. 세로토닌 강화제는 걱정, 두려움, 공포, 그리고 불면증 등을 완화시키는 반면 사교성, 협동심, 긍정적인 감정은 증대시킨다. 더 재미있는 것은, 야생 원숭이들의 경우 세로토닌이 사회적 지위와 관계있다는 사실이 관찰된다는 것이다. 서열이 낮은 원숭이들은 스트레스호르몬 수치가 높았고 혈중 세로토닌 농도는 낮았다. 반대로, 서열이 높은 원숭이들은 몸치장하는 데 더 많은 시간을 썼고 스트레스호르몬 수치가 낮았으며, 세로토닌 수치는 더 높았다. 그리고 우두머리 암컷이 없는 무리에서는 프로작을 투여 받아 세로토닌 수치가 높아진 암컷이 우두머리 암컷이 되었다.

이런 관찰은 세로토닌의 기능에 대해 새로운 시각을 갖게 해준다. 낮은 세로토닌 증상을 하나의 병리현상, 즉 뇌에 문제가 있는 현상으로 생각할 수도 있다. 그러나 기실 원숭이에 대한 연구에 따르면, 낮은 세로토닌 증상은 어떤 적응시스템이 작용한 결과다. 서열이 낮은 원숭이들의 경우, 균형을 부정적인 감정 쪽으로 이동시키는 것이 최선이다. 이들은 걱정거리가 더 많다. 그리고 조심하지 않으면 죽거나 무리에서 쫓겨난다. 따라서 그들의 높은 스트레스 수치는 전혀 병적인 것이 아니다. 이들은 그들의 자원을 사회적 치장과 피부손질 같은 장기적인 문제 대신 두들겨 맞지 않는 일 같은 직접적인 문제에 사용해야 한다. 스트레스 호르몬은 몸의 자원을 이런 식으로 동원하는 것이다.

인간에게도 비슷한 상황이 벌어진다. 한 사회집단에서 다른 사회집단으로 이동하는 것은 매우 스트레스를 받는 일이다. 그리고 새로 입사한 불안정한 신입사원들은 기존 직원들보다 더 편집증적으로 생각한다. 사회경제적 계층구조상 지위가 낮을수록 근심과 우울증 수치는 더 높아진다. 부분적으로 이들은 걱정거리가 더 많기 때문에 근심과 우울증 수치가 더 높은 것이 맞다. 비록 지난 몇십 년 동안 의학과 부가 진보하여 오늘날 가장 가난한 사람조차 몇 세대 전에 가장 부유했던 사람보다 객관적으로 훨씬 나은 조건에서 살고 있다 해도, 장기적으로 볼 때 건강은 사회적 지위에 큰 영향을 받는다. 사회에서 가장 불안정한 지위에 있다는 것은, 긍정적이고 낮은 스트레스 모드에서 부정적이고 높은 스트레스 모드로의 (세로토닌 조절에 의한) 전환을 촉발하는 강력한 원인이 된다.

세로토닌 스펙트럼상 세로토닌 수치가 낮은 쪽 끝에는 우울증과 노심초사 같은 부정적인 병적 감정이 존재한다. 이런 감정들이 적절히 조절된 것인지, 혹은 이런 증상들이 나타날 경우 세로토닌 메커니즘이 정말 잘못된 것인지 하는 문제에 대해선 논란이 있다. 나로선 후자의 가능성이 높다고 보는 편인데, 왜냐하면 장기적으로 볼 때 희망 없고 파괴적이며 수동적인 병적 우울증이 유익한 것과 관계있을 리는 없기 때문이다. 우리 선조들의 경우, (침착함을 유지한 채 아무것도 하지 않음으로써) 짧은 기간 동안 부정적인 상황에 적응할 수 있었던 세로토닌 메커니즘이 오늘날 어떤 사람들에게는 심각한 병이 될 정도로 병적으로 활성화되는 일이 벌어지게 되었다. 항우울제와 심리치료는 세로토닌 메커니즘이 이런 식으로 부정적으로 활성화되는 것을 막기 위한 수단들이다.

세로토닌시스템에 대한 이런 견해가 옳다면, 세로토닌을 증가시키는 약물의 작용과 효과에 대해 예측할 수 있어야 한다. 첫째, 이런 약물은 코카인이나 헤로인에 의한 도취감보다 더 나른하고 자유로운 행복감을 가져다주어야 한다. 둘째, 이런 약물은 기본적으로 욕망시스템에 작용하는 것이 아니라 부정적인 감정을 긍정적인 감정으로 전환시키는 시스템에 작용하기 때문에 도파민에 작용하는 약물들코카인, 암페타민, 헤로인, 아편, 그리고 담배과 달리 직접적인 중독성이 있어서는 안 된다. 물론 중독현상이 일어날 수 있지만 그것은 화학적으로 직접 중독됐다기보다는 간접적인(즉, 세로토닌 강화제를 복용함으로써 느낀 긍정적인 기분 때문에 그 약물을 다시 찾는) 현상이다.

이와 같이 세로토닌 증대효과를 가진 약물이 있는데, 그 약물이 다름 아닌 엑스터시이다. MDMA라고 불리는 화학물질을 활성성분으로 하는 엑스터시는 매우 유명한 역사를 갖고 있다. 강력한 세로토닌 활성물질인 엑스터시는 수십 년 전 처음 조제되었지만 시장을 찾지 못했다. 그러다가 환각제 사용이 활발해지기 시작한 1960년대와 70년대에 심리치료 보조제로 엑스터시를 사용하자는 주장이 진지하게 제기되었다.

왜냐하면 엑스터시가 강렬한 행복감, 통찰력 그리고 동정심을 유발했기 때문이다. 1980년대에 엑스터시는 당시 유행하던 활기찬 댄스문화와 결합하면서 일종의 오락약물로 확산되기 시작했다. 1980년대에 엑스터시 사용은 금지되었지만, 이런 조치는 오히려 선진국 전역에 걸쳐 매주 수백만 정의 엑스터시가 소비되는 현상을 낳으면서 엑스터시의 확산을 가속화시켰을 뿐이다.

욕망지향적인 아편제처럼 병적인 허기를 유발하지도 않으면서, 파티를 즐기며 복용한 사람들 간의 조화와 유대감을 증진시키는 엑스터시는 일종의 꿈같은 마취제로 보였다. 그러나 1990년대에 와서 부작용이 나타나기 시작했다. MDMA는 실험대상 동물들의 뇌세포를 손상시켰으며, 엑스터시 사용자들의 기억력이 감퇴했다는 증거가 모이기 시작했다. 게다가 엑스터시는 짧은 시간 동안에는 세로토닌의 전달을 강화하지만 약효가 사라지면 반대 결과가 초래됐다. 주말마다 엑스터시를 복용했던 사람들은 주 중반까지 우울, 침체, 공격성 등의 성향을 보였고, 다음 주말 엑스터시를 복용해야 이런 감정들이 사라졌다.

또 다른 세로토닌 관련 약물이 있는데, 그것은 LSD 같은 환각제였다. LSD는 화학적으로 세로토닌과 관계있다. 세로토닌의 심리적 의미를 발견한 것은 현대 화학자만이 아니다. 세계 각 지역의 원주민들은 선인장메스칼린: 선인장 등에서 뽑아낸 일종의 흥분제, 버섯실로시빈: 버섯에서 추출해낸 일종의 환각제, 그리고 남미 원주민들에게 아야후아스카ayahuasca: 환각성이 강한 남미 원주민의 술를 선사한 덩굴식물 같은 다양한 원료에서 세로토닌과 비슷한 합성물질을 정제해냈다. 이런 약물들의 효과는 보다 환각성이 커서 엑스터시와는 다소 다르지만, 관대함과 자아초월감을 유발하는 것은 엑스터시와 비슷하다. 에콰도르와 페루의 원주민들 사이엔 아야후아스카를 치료나 자아발견, 예배, 샤머니즘 의식에 사용하는 전통이 있으며, LSD도 심리치료의 차원에서 실험된 적이 있다.

좌뇌와 행복

긍정적인 감정시스템과 부정적인 감정시스템의 조절은 또한 부분적으로는 우뇌와 좌뇌 간의 조절로 보인다. 편도가 경험의 감정적인 흐름을 담당한다는 사실을 기억하자. 편도는 나아가 전두엽과 연결되어 있다. 재미있는 영화에 반응하여 미소 지을 때, 실험대상자의 좌뇌활동은 증가하고 우뇌활동은 감소한다. 혐오스러운 영화장면에 대해선 반대로 반응한다. PET 연구에서 실험자원자들에게 슬픈 영화장면을 보거나 슬픈 기억을 떠올릴 것을 요청했는데, 이들이 슬픈 감정에 빠져들었을 때 우측 전두엽피질의 활동이 증가했다. 우울증 환자와 정상적인 실험자원자의 휴식 중인 뇌를 비교했을 때도 우울증 환자의 우측 전두엽피질의 활동이 정상인들보다 활발했다.

비슷하게, 실험 시작 전의 좌측 및 우측 전뇌의 상대적인 활동 정도는 사람이 감정적인 경험에 어떻게 반응할지 예측하는 데 훌륭한 도구가 된다. 좌뇌 부분의 활동이 더 활발한 사람들은 긍정적인 영화장면에 아주 긍정적으로 반응하는 반면, 우뇌 부분의 활동이 더 활발한 사람들은 부정적인 장면에 아주 부정적으로 반응하게 된다. 따라서 휴식 중인 뇌의 활동 상태는 그 사람 본래의 감정 '성향'을 반영해야만 한다. 그리고 이 본래의 성향은 세로토닌의 순환에 의해 영향 받게 될 것이다. 아직 필자의 지식으로 검증하지는 못했지만, 이런 논의에 따라 d-펜플루라민이나 SSRI는 뇌 활동을 우측 전두엽에서 좌측 전두엽으로 이동시킨다는 가설을 세울 수 있다.

멜리사 로젠크란츠Melisa Rosenkrantz와 그녀의 동료들이 수행한 최근의 한 연구는 뇌 활동의 기울기가 중요하다는 사실을 증명했다. 이들은 먼저 휴식 중인 전뇌 활동의 측면 기울기를 확인한 후, 연구대상자들에게 인플루엔자 백신을 주사했다. 백신은 부분적으로 여러 형태의 세균을 무력화시키지만, 면역체계는 세균들이 무력화되었다는 것을 모르는 채 그것들이 살아 있는 것으로 보고 세균들을 공격한다. 바로 이것이 백신의 효과다. 로젠크란츠는 백신 주입 후 생성된 항체의 양을 기준으로 보았을 때, 휴식 중인 우측 전뇌의 활동수준이 높을수록 사람들의 백신에 대한 면역반응이 덜 효과적이었다는 사실을 발견했다.

이 획기적인 연구는 그전에는 몰랐던 행복과 건강의 관련성을 찾을 수 있게 해준다. 평소의 감정상태로 장기적인 건강과 기대수명까지 예측할 수 있는 것이다. 예컨대, 신경과민과 우울증은 심리적으로뿐만 아니라 육체적으로도 좋지 않은 결과를 가져왔다. 그러나 육체와 정신 간의 관계에 있어 아직도 알려지지 않은 것이 많다.

부분적으로 전뇌의 활동 불균형에 의해 결정되는 일반적인 감정상태는 스트레스의 정도를 좌우한다. 그리고 스트레스란 호르몬에 의해 통제되며, 본질적으로 단기 및 장기 목표 중 하나를 선택하여 그 목표를 달성하기 위해 노력하게 만드는 하나의 시스템이다. 스트레스를 받으면 혈액은 장에서 근육으로 이동하고 당(糖)과 아드레날린이 분비되며, 급하지 않은 생체기능들은 약화된다. 이것은 달려드는 포식자로부터 순간적으로 달아나는 데는 좋은 것(실로 매우 유용한 것)이다. 그러나 이런 시스템이 항상 작동하고 있다면, 요컨대 항상 스트레스를 받고 있다면, 궁극적으로는 건강에 좋지 않은 결과가 초래된다. 불행, 근심, 우울 등과 같은 감정은 스트레스시스템을 병적으로 작동시켜 결국 면역체계를 억누르며 이는 장기적으로 건강에 부정적인 결과를 초래한다.

행복유전자

우리는 넷째 장 〈근심맨과 열정맨〉에서 '개성'이 삶에서 느끼는 부정적인 감정과 긍정적인 감정의 정도에 큰 영향을 미

친다는 사실을 살펴보았다. 이런 개성으로 인해 인간의 감정
이 어떻게 변하는지를 설명할 수 있어야 한다. 이를테면, 내
성적인 사람과 외향적인 사람이 가진 뇌의 차이를 발견할 수
있어야 한다.

지금까지의 논의에 기초해 우리는 우선, 신경과민 정도가
높은 사람들은 우측 전뇌의 활동이 상대적으로 강한 반면, 외
향성이 강한 사람들은 좌측 전뇌의 활동이 강할 것이라고 예
측할 수 있다.

사실이 그렇다는 연구가 있다. 위스콘신 대학교의 리처드
데이비슨Richard Davidson과 연구팀은 어린 꼬마들의 연극을 관
찰했다. 그리고 이들은, 아이들이 어머니 근처에 있느냐, 새
장난감을 가지고 노느냐, 또는 말이 많으냐 등의 기준에 따라
아이들을 상대적으로 내성적인 아이와 상대적으로 외향적인
아이로 분류할 수 있었다. 그 후 이들은, 내성적인 아이들은
쉬는 동안 상대적으로 우뇌활동이 더 활발했고 외향적인 아
이들은 좌뇌활동이 더 활발했다는 것을 알아냈다. 이런 결과
는 그날 아이들이 가진 특별한 기분 탓은 아니었다. 왜냐하면
뇌의 활동을 측정한 것은 아이들의 행태를 관찰한 지 수개월
이 지난 후였기 때문이다. 이와 같이 감정이 자극되기도 전에

이미 존재하고 있던 뇌 활동상의 불균형은 사람들이 앞으로 하게 될 반응을 예측할 수 있게 해주는데, 이로써 뇌 활동의 불균형을 통해 사람들의 현재 상태보다는 그 사람의 일정한 개성을 파악할 수 있는 것이다.

개성에 관해 우리가 할 수 있는 두 번째 예측은 세로토닌 및 도파민시스템의 기능과 사람의 개성 사이에는 일정한 관계가 있다는 것이다. 만약 세로토닌시스템이 긍정적인 감정과 부정적인 감정 사이의 균형을 매개하는 것이라면, 부정적인 감정을 쉽게 유발하는 과도한 신경과민증은 세로토닌시스템의 기능변화와 관련 있는 것이라고 예측할 수 있다.

이런 예측을 뒷받침하는 증거가 있다. '5HTT'라고 불리는 유전자가 있는데, 이 유전자는 세로토닌시스템을 수립하는 일에 관여한다. 이 유전자는 실제로 뉴런 사이에서 메시지 전달 역할을 하는 시냅스로부터 세로토닌을 제거하는 단백질의 생산을 조절한다. 이 유전자는 보통 두 가지, 즉 짧은 것과 길쭉한 것이 있다. 이 유전자 중 길쭉한 유전자 한 개를 가지고 있는 사람은 짧은 것 두 개를 가지고 있는 사람보다 평균적으로 신경과민증 수치가 낮다.

〈근심맨과 열정맨〉에서 우리는 외향적인 성향이 좋은 것을 얻으려는 욕망을 강화시킨다는 논의를 한 바 있다. 이 경우, 도파민의 기능이 변할 수 있다. 아직 증명된 것은 아니지만 증거는 있다. 한 종류의 뇌 도파민 수용체를 만들어내는 유전자는 다양한 형태가 있다. 관련된 연구에 따르면, 사람이 가지고 있는 유전자의 형태가 길면 길수록 외향성 지수가 높다.

이런 연구결과들은 매우 흥미로운 것이다. 바야흐로 이제 우리는 유전자가 어떻게 뇌를 만들며, 뇌는 어떻게 감정과 행동을 만들어내는지 이해하기 시작했다. 그러나 이런 연구결과들은 또한 다소 궁색해 보일 수도 있다. 만약 행복이, 부분적으로 유전에 의해 발생하는 화학작용으로 결정된다면, 약물을 복용하거나 유전공학을 시도하는 것 말고 더 행복해질 수 있는 방법은 없는가? 요컨대, 행복은 변할 수 있는가? 이것이 다음 장의 주제이다.

Happiness

만병통치약과
플라시보 효과

Panaceas and Placebos

우리는
더 행복해질 수 있을까?

지금까지 살펴본 연구들에 따라 행복에 대해선 우리가 어찌해볼 도리가 별로 없다는 결론을 내리고 싶을지도 모르겠다. 물론 파티에 가고, 초콜릿을 먹고, 섹스를 함으로써 몇 시간 동안 행복감을 높일 수는 있다. 그러나 이런 쾌감은 곧 사라질 것이고 처음 상태로 돌아갈 것이다. 하지만 삶에 있어서 아주 바람직한 보다 큰 변화는 몇 주 또는 몇 개월간 행복감을 가져다주기도 한다. 어느 정도는 평생 변하지 않는 개성이 기본적인 행복을 좌우하는 결정요인으로 작용한다. 그리고 마지막으로 우리는 뇌의 기능이 행복을 직접 통제한다는 사실을 이해했다.

그러나 우리는 뇌의 기능이 행복을 직접 통제한다는 사실에 너무 짓눌려서는 안 된다. 물론 뇌의 기능이 우리의 행복을 직접 통제한다는 것이 증명되었다. 그렇지 않고는 어찌 그럴 수 있겠는가? 우리의 발 근육이 행복을 통제한다고 볼 수는 없는 것이다. 이는 자명한 것이다. 그러나 뇌는 주변에서 벌어지는 일에 적응해 반응하는 과정에서 자신의 화학적 성질을 바꾸는 아주 유연한 기관이다. 그러나 행복이 뇌에 기초하고 있다는 것을 알았다고 해서 본질적으로 행복이 심리적 혹은 사회적 수단에 의해 변할 수 있는 것이라고 말할 수는 없다.

아무래도 어떤 사람들은 행복을 변화시키는 것이 가능하다고 애써 믿으려는 것 같다. 실지로 서점에 가보면 행복을 가져다준다는 만병통치약에 관한 책들이 서가 한 곳을 전부 점령하고 있는 것을 보게 된다(연간 2천여 권의 자기수양법에 관한 책이 나온다). 이런 책들은 다음과 같은 제목을 달고 나온다.

- 벌거벗고 거실에서 춤춰라.
- 속옷을 갈아입고 인생을 바꿔라.
- 과거와는 전혀 다른 대담한 인생을 살아라: 스타트렉에서 배우는 인생교훈.

행복의 해결책이 책으로만 판매되고 있는 것은 아니다. 책 외에도 행복을 가져다준다는 수많은 치료법, 대안치료법, 허브제품, 대안 허브제품, 정신체계, 대안 정신체계 등이 존재한다. 이 밖에도 하찮은 최신제품을 행복하게 사용하는 사람들을 보여주는 일상적인 광고도 있다. 이런 해결책 대부분은 검증되지 않았고 심지어는 검증할 수도 없는 것들이지만, 이런 제품은 많이 소비되고 있다. 이런 해결책들은 상식적이고 도움이 되는 것에서부터 기껏해야 일종의 플레시보 효과 placebo effect: 위약효과를 주는 것, 심지어는 아주 엉터리거나 사기성이 농후한 것에 이르기까지 다양하다.

지금까지 수행된 연구에 따르면, 많은 사람들은 자기수양서와 여타의 자기치료법들이 도움이 된다고 믿고 있다. 이 연구는 시장의 보다 민감한 부분에 주로 집중하고 있다. 비현실적인 기대가 커져 발생할 수 있는 부정적인 효과에 대해서는 아직 체계적인 연구가 수행되지 않았다. 그렇다 해도 이것은 정말 중요한 문제다. 시중에서 구할 수 있는 많은 책들은 우리 모두가 아무런 문제도 없이, 완전한 행복을 누리는, 그리고 무한한 부와 에너지를 가진 슈퍼맨이나 슈퍼우먼이 될 수 있다고 말하는 것처럼 보인다. 그러나 이런 책들의 뒷커버를 읽어보기만 해도 뭔가 말이 안 된다고 느낄 것이다. 그리고 그런 책들을 읽었는데도 우리가 여전히 에너지가 부족하고 별 변화 없는 일상을 살아간다면, 그땐 어떻게 할 것인가? 우리가 뭔가 잘못된 것인가?

완전히 행복해질 수 있는 '어떤 방법'이 있다고 직관적으로 느끼다 보면 종종 이런 치료법과 시스템에 속게 된다. 복권을 구입하는 사람처럼 우리는 객관적으로 보면 영원한 행복에 이르는 손쉬운 방법은 없다고 생각하지만, 자신의 경우에는 그것이 가능할 수도 있다고 생각한다. '뭔가 터질지도 모른다, 한번 해보면⋯⋯.' 이런 매력적이고 비합리적인 낙관주의는 당근지사 마케팅 담당자들이 꿈꾸는 것이다.

행복을 가져다준다고 주장하는 모든 종류의 만병통치약은 두 가지 비슷한 가정을 하고 있다. 첫째는 개인의 행복은 증대될 수 있다는 것이고, 둘째는 사람들이 개인의 행복을 증대시키기를 원한다는 것이다. 다른 모든 것이 동일하다고 가정할 경우, 두 번째 가정은, 마지막 장에서 살펴보겠지만, 상황은 종종 더 복잡하긴 하지만 합리적으로 정확한 주장이다. 그러나 사람들이 자신의 행복을 증대시키기를 원한다고 '생각한다'는 것, 그리고 다른 사람들이 자신보다 더 행복해지고 있는 것은 아닌가 하고 생각하기를 '싫어한다'는 것은 의심할 여지없는 사실이다. 그래서 "당신을 더 행복하게 해 줍니다"라는 문구는, 그 제품이 실제로는 전혀 다른 작용을 함에도 불구하고 광고에 들어가는 아주 중요하고 필수적인 문구가 되었다. 그러나 행복을 가져다준다고 주장하는 이런 만병통 치약들이 실제 효과가 있다는 증거가 있는가?

실제로 그리고 놀랍게도, 지금까지 검토한 연구결과들을 감안하면, 행복은 계획적으로 조작될 수 있고, 어느 정도 한계는 있지만 그 결과를 측정할 수 있다는 증거는 많다. 비록 개성이 한 사람을 일정한 감정의 틀 속에 묶어두려 하지만, 계획적인 조작을 통해 그 사람의 감정반응을 아주 다르게 제한할 수 있다. 가장 많이 연구된 비약물 조작은 다양한 형태의 심리치료법이다. 그리고 우울증의 경우, 가장 좋은 심리치료법은 항우울제만큼이나 효과가 있다. 이 우울증에 대한 최선의 치료법은 약물치료와 비약물치료를 조합하는 것이 될 것이다. 그러나 자기수양서와 비디오, 그리고 종종은 심리치료를 지적知的으로 모방한 행복훈련 프로그램들도 효과가 있다. 그리고 명상과 같은 수련도 긍정적인 효과가 있다는 증거가 계속 나오고 있다.

이런 해결책 중 기적적인 것은 아무것도 없으며, 아마도 이 모든 것 중 최선의 치료법은 완전한 행복은 이룰 수 없으며 유일한 염원의 대상도 아니라는 것을 깨닫는 것이다. 그러나 계획적인 조작으로 얻을 수 있는 세 가지 심리학적 변화가 있다. 첫 번째는 부정적인 감정의 영향을 감소시키는 것이고, 두 번째는 긍정적인 감정을 증대시키는 것이며, 세 번째는 나의 표현으로 하자면, 감정의 주체인 자신을 변화시키는 것이다.

부정적인 감정을
조절하는 방법

공포, 근심, 슬픔, 분노, 죄의식, 수치와 같은 부정적인 감정이 과잉 분출되는 것이 불행의 가장 커다란 원인 중 하나다. 이런 감정들은 그 이후의 감정에 특히 지배적인 영향을 미친다. 예컨대, 실연당하면 우리는 아무도 자신에게 매력을 느끼지 못할 것이라고 생각하기 쉽다. 또 우리가 상대적으로 좋은 일을 하지 않음으로써 죄의식을 느낀다면, 우리가 하는 다른 모든 일에 슬며시 죄책감이 들기 시작한다. 그리고 우리가 하고 있는 일이 잘못된 데 대해 걱정하면, 그 일은 결코 회복될 수 없으며 우리가 하는 모든 일이 잘못될 것이라고 느끼기 쉽다.

이런 점에서 부정적인 감정은 긍정적인 감정과 매우 다르다. 예컨대, 우리가 다트게임에서 한 번 이겼다 해도, 우리는 우리가 하는 모든 일에서 승리할 것이라고 생각하지는 않는다. 만약 누군가 갑자기 우리에게 친절하게 굴었다고 해서, 우리는 모든 사람이 우리에게 친절하게 굴 것이라고 생각하지 않는다. 적어도 이 경우, 누군가 나에게 갑자기 적대적으로 굴 때 일반적으로 사람들이 나에게 적대적으로 굴 것이라고 부정적으로 생각하는 만큼, 다른 사람들이 나에게 친절하게 굴 것이라고 긍정적으로 생각하지는 않는 것이다. 이런 불균형은 긍정적인 감정과 부정적인 감정이 서로 다른 기능을 하는 데서 비롯된다. 부정적인 감정들은 본질적으로 우리의 존재적합성에 해가 되는, 그리고 자주 되풀이되어서는 안 될 그런 비상사태에 대한 반응으로 나오는 것이다. 반면, 긍정적인 감정들은 우리에게 좋은 것을 그저 붙들어두고, 말하자면 당분간 그런 일이 계속되게 하는 것이다. 따라서 부정적인 감정들은 보다 긴급한 것이고 훨씬 총체적으로 의식을 사로잡는다.

이런 원칙은 동물의 행태 중 이른바 '생명과 만찬의 문제'

life-dinner problem에서 잘 확인할 수 있다. 치타가 가젤을 추적할 때, 둘 중 누가 더 오래 달려야 하는가? 가젤은 자신의 생명을 걸고 달린다. 따라서 가젤은 자신의 궁극적인 건강에 악영향을 미치는 순간을 훨씬 넘어서까지 계속 달려야 한다. 기실, 가젤은 기진맥진해 쓰러져 죽기 직전까지 달려야 한다. 왜냐하면 그렇다 하더라도 일찍 멈췄을 때 벌어지는 일과 같은 일이 벌어질 뿐이기 때문이다. 반면, 치타는 저녁거리를 얻기 위해 달린다. 따라서 치타는 가젤보다 훨씬 먼저 달리기를 멈춰야 한다. 왜냐하면 몇 시간 후면 또 다른 저녁거리가 주변에 나타날 것이기 때문이다.

치타가 공격했을 때 가젤이 공포를 경험했다고 가정하자. 가젤의 시각에서 보면, 가젤은 공포프로그램fear program을 가동해 끝까지 달리고, 근육이 얼마나 고통을 받든지 간에 모든 힘을 다해 달리며, 그 상황을 본질적으로 재앙으로 간주해야 한다. 왜냐하면 가젤이 멈추는 순간 가젤에게는 대재앙이 발생하기 때문이다. 반면에, 치타는 욕망이 동기가 될 것이다. 치타의 시각에서 보면, 욕망프로그램desire program 때문에 잠시동안 달리게 될 것이다. 그러나 약간 숨이 차면 치타는 가젤을 쫓는 일을 멈출 것이다. 왜냐하면 가젤 고기 한 점 때문에 절름발이가 될 필요는 없기 때문이다.

이런 두 감정시스템 간의 불균형이 진화한 결과, 긍정적인 감정시스템이 포기하고 사라진 한참 후에도 부정적인 감정시스템은 강력하게 우리의 의식 전체를 장악하고 우리의 모든 사고를 지배한다. 예를 들면, 우리는 어찌해볼 도리가 없는 어떤 상황에 대한 근심에 사로잡혀 밤새 잠을 이루지 못한다. 그러면서 우리는 다른 상황에 대해서도 걱정한다. 또, 우리가 했던 특별히 형편없던 일에 대해 수치스러운 생각이 들면, 그 수치감 때문에 우리는 하고 있는 모든 일이 어리석으며 아무도 다시는 자신을 존경하지 않을 것이라고 믿는다.

그러나 이런 생각들은 본질적으로 비합리적이다. 현대를 살아가는 우리를 두렵고, 수치스럽고, 슬프게 만드는 일들은 대체로 커다란 포식동물들처럼 그렇게 위협적인 것은 아니다. 최소한 서구사회에서 굶어 죽는 사람은 없다. 살인율도 매우 낮다. 또한 서구의 사회집단은 매우 유동적이고 유연해서 우리는 한 사회집단의 사람들과 사이가 틀어져도 그것을 대체할 수 있는 다른 사회집단을 찾을 수 있다. 따라서 현실적이고, 험악하며, 원시적인 위급상황에 대처하도록 고안된 우리의 부정적인 감정프로그램은 불필요한 공포와 근심을 계속해서 느끼도록 만드는 것이라 할 수 있다. 계속되는 불필요한 공포와 근심은 자기충족적인 예언그러리라고 생각했던 믿음이 현실이 되는 것—옮긴이 이 된다. 왜냐하면 우리의 지속적인 공포와 근심은 우리를 보다 적대적이고, 보다 피해망상적이며, 덜 매력적이고, 다가올 좋은 일들에 대해 덜 개방적으로 만들기 때문이다.

인식—행동치료법CBT: Cognitive—Behavioural Therapy은 이런 성찰에 따라 부정적인 사고와 감정을 줄이는 치료법이다. 치료사와 고객은 부정적인 생각의 형태를 규명하고 그것의 비합리성을 밝혀낸다. 예를 들면, 우울한 사람의 머리엔 종종 실제로 별 근거 없는 부정적인 생각이 자동적으로, 그리고 자꾸 떠오른다. 그것이 무엇인지 규명하고 그것이 근거 없다는 것을 토론함으로써 고객들은 그런 부정적인 생각이 떠오를 때 그런 생각이 자신의 기분에 영향을 미치지 못하도록 저항할 수 있다.

부정적인 감정은 또한 우리로 하여금 사태를 과장하고 재앙으로 간주하도록 만든다. 즉, 한 가지 일이 잘못되었기 때문에 우리가 하는 모든 일이 재앙이 될 것이라고 생각하게 만든다. 인식—행동치료법은 사고의 왜곡과 잘못된 추론이 어디에 존재하는지 규명하면서 이런 식의 부정적인 생각을 주의 깊게 연구하고 그에 대한 대항논리를 제공한다. 이 치료법은 어떤 면에서 시끄러운 목소리를 내는 부정적인 감정시스템과 우리의 보다 합리적이고 분석적인 인식시스템 간의 대화를 유도하는 것이다.

사실 부정적인 감정시스템, 그리고 우리 것을 타인과 비교하는 것과 같은 우리의 자동적인 여타 병적인 집착들은 자연선택의 관점에서 보면 가장 적합하게 설계된 것일 수 있지만, 삶의 견지에서 보면 그렇지도 않다. 우선, 그런 부정적인 감정시스템과 자동적인 병적 집착들은 육체적 위험이 실재하는 세계, 사망률이 높은 세계, 그리고 사회집단에서 도피할 수 없고 규모가 작은 그런 세계에 맞춰 설계된 것이다. 따라서 이런 감정시스템은 공포, 수치, 그리고 사회적 추방의 위험성을 과장하는 경향이 있다. 게다가, 미시건 대학교 의과대학 랜돌프 네스Randolph Nesse 교수의 유명한 말처럼, 자연선택은 우리의 행복에 아무런 도움도 주지 않는다. 자연선택은 단지 필요하다면 불행한 상태에서라도 살아남아 자손을 낳고 종족을 보전하기만을 바랄 뿐이다.

반면 자연선택은 우리에게 일종의 다중적인 정신을 부여하기도 한다. 그런 다중적인 정신 속에서 상대적으로 자동적인 감정프로그램들은 상황, 계획, 논리, 깊은 성찰 등에서 얻은 정보를 통해 조절될 수 있다. 인식─행동치료법은 자극을 주고 대안을 제시하는 치료사를 통해 이런 조절과정을 강화한다. 비록 인식─행동치료법의 효과와 그 치료법이 실제로 왜 효과가 있는가에 대한 논쟁은 있지만, 이 치료법이 우울증, 근심, 그리고 그와 관련된 문제들을 치료하는 데 매우 유용하다는 의견이 대세다.

기실, 15~20개 세션으로 구성된 인식─행동치료법 코스가 항우울제와는 다른 방식이긴 하지만 뇌의 활동 패턴을 변화시켰다는 사실이 최근에 밝혀졌다. 우울증 환자가 아닌 사람들의 행복을 증진시키는 프로그램과 많은 훌륭한 자기수양서들은 인식─행동치료법의 식견과 기법 일부를 차용하고 있다. 인식─행동치료법의 강점은 고객의 물리적 환경, 심지어는 일상의 변화를 전혀 요구하지 않는다는 것이다. 이 치료법은 분명 부정적인 감정이 생기는 것을 막지는 않는다. 단지 이 치료법은 그런 감정들이 스트레스와 소외감을 수반한 자기충족적 예언으로 증폭되는 것을 막을 뿐이다. 그렇게 하는 관건은 벌어진 일들에 대해 달리 생각하기 시작하는 것뿐이다.

긍정적인 감정을
증진시키는 방법

비록 인식—행동치료법은 부정적인 감정의 증폭을 막아 사람들이 덜 불행하게 하는 데는 도움이 되지만, 사람들을 더 행복하게 해주는 방법은 아니다. 즉, 인식—행동치료법으로 부정적인 감정이 증폭되는 효과를 제거하는 것은 사람들을 불행에서 중간상태로 옮길 수는 있지만, 행복으로 이끄는 것은 아니다. 어떤 면에선 중간상태로 옮기는 것만으로도 충분할 것이다. 부정적인 감정들은 특히 여러분을 약화시키며, 삶에 대한 시각과 원칙을 갖지 못하게 할 수도 있다. 그러나 여러분이 다른 삶에 대한 시각과 원칙을 갖고 있다면, 즐거움이 약간 부족하다 해도 잘 살아갈 수 있다. 그러나 행복훈련 프로그램들은 긍정적인 감정을 증진시키는 것을 목표로 하고 있다.

긍정적인 감정을 증진시키는 일은 일반적으로 즐거운 활동훈련pleasant activity training으로 가능하다. 아주 복잡한 이 기술은 어떤 활동이 즐거운가를 결정하는 일과 즐거운 활동을 보다 자주 하는 일로 구성된다. 어떤 일을 좋아하는지에 대해선 자신의 직관에 따를 수 있다. 그 직관에 따라 좋아하는 일의 목록을 작성하고 그 일을 보다 자주 하기로 결정할 수 있다. 아니면, 정말 과학적으로 수주일에 걸쳐 자신이 매일 하는 일에 대한 일지와 자신의 기분에 대한 별도의 일지를 작성할 수도 있다. 그런 후 어떤 활동이 기분 좋았는지 살펴보기 위해 자료를 통계 분석할 수도 있다. 그런 분석을 통해 보통 발견되는 일들은 친구 만나기, 스포츠, 문화활동, 외출, 그리고 여행 등이 있다.

즐거운 활동 훈련은 우울증을 완화시키는 한 방법일 뿐만 아니라, 우울증이 없는 사람의 경우도 수주일에 걸쳐 훈련하면 행복감이 높아질 수 있다. 후자의 경우에, 다음과 같은 직접적인 의문이 제기된다. 즉, 일반적인 가정대로 만약 즐거움 때문에 사람들이 그 일을 더 많이 하고 고통 때문에 그 일을 피한다면, 사람들은 왜 가능한 한 자주 즐거운 일을 하지 않는가? 사람들에게 즐거운 일을 보다 자주 하라고 요구하기만 하면 사람들을 더 행복하게 만들 수 있는가? 왜 사람들은 스스로 이미 오래전에 이와 같은 사실을 발견하지 못했는가?

이에 대한 대답은 사람들이 행복을 위해 결정하는가, 아니면 어쨌든 즐거움을 얻기 위해 결정하는가 하는 질문에 대한 답변이 될 것이다. 앞서 논한, 원하는 것과 좋아하는 것의 구분이 여기서 유용하다. 우리의 마음속엔 우리를 승진이나 보다 많은 연봉(보다 큰 집이나 보다 많은 재산, 보다 멋진 배우자와 적당한 수의 자녀들)을 얻기 위해 경쟁하게 만드는 욕망시스템이 있다. 욕망시스템은 우리로 하여금 이런 욕망의 대상들을 추구하게 하는데, 그 이유는 그런 대상들이 우리를 행복하게 만들고, 심지어는 (우리가 그 일부를 좋아한다 해도) 우리가 그것들을 좋아하기 때문이 아니라, 석기시대에 이와 비슷한 욕망의 대상들을 취했던 조상들이 우리의 조상이기 때문에, 그리고 그런 욕망의 대상들을 취하지 못했던 사람들은 후손을 남기지 못하고 사라졌기 때문이다.

비록 암묵적으로 우리가 원하는 것들이 우리를 행복하게 해줄 것이라고 느낀다 해도, 이는 그간 진화되어 온 우리의 정신이 장난쳐 만든 아주 잔인한 속임수일지도 모른다. 살면서 우리가 원하는 것들은 그렇게 진화된 정신이 우리에게 원하라고 명령한 것들이며, 그것은 우리의 행복에 아무것도 주지 않는다. 모든 증거가 시사하는 바에 따르면, 승진에 신경쓰는 대신 나가서 배를 만들거나 자원봉사하는 것이 아마도 사람들을 더 행복하게 해준다는 것이다. 더욱이, 부자가 되는 것이 더 중요하다고 생각하면 할수록 사람들은 일과 가족생활 모두에 불만이 더 많다.

이것이 의미하는 것은 다소 놀랍게도, 사람들은 원하는 것에 너무 사로잡혀서 즐길 수 있는 일을 놓쳐버릴 가능성이 높다는 것이다. 이렇게 되면 사람들은 비록 그들이 전통적인 (그리고 진화론적인) 기준에서 인생에 성공했을지는 몰라도 자연히 불만을 느끼게 된다.

사람들은 욕망에 따라서, 그리고 행복에 관한 맹목적인 생각에 따라서 행동하게 된다. 이 맹목적인 생각은 실제와 다르다. 사람들은 원하는 것을 이루면 그들이 얼마나 더 행복해질 수 있는지에 대해 과대평가하고, 그들이 원치 않는 일에 대응하는 능력에 대해선 과소평가한다는 사실을 상기하자. 행복에 관한 맹목적인 생각은 개인적인 만족을 증진시키는 것이 아니라 사람의 DNA를 복제하기 위해 설계된 것이기 때문에 경험을 통해 학습한다 해도 이런 식의 실수를 추려내지는 못한다.

그러나 즐거운 활동 훈련과 같은 기법을 통해 사람들은 최소한 원칙적으로는 행동에 동기를 부여하는 욕망시스템의 함정을 피할 수 있다. 즐거운 활동 훈련과 인식—행동치료법은 모두 매우 흥미로운 의미를 갖고 있다. 우리는 우리의 불행이 다른 사람들의 적대적인 행동, (사회주의자의 경우) 기업자본, (보수주의자의 경우) 국가, (무신론자의 경우) 신, 또는 (종교인의 경우는) 세속적인 물욕의 결과라고 생각하는 경향이 있다. 그러나 실제로 만성적인 불행은 우리 자신 내부에 있는 메커니즘, 즉 호감liking시스템이 아니라 욕망wanting시스템이 지배한 결과 또는 부정적인 감정의 과잉활동에 따른 결과일 가능성이 크다.

더욱이 불행은 우리 자신 내부에 있는 메커니즘이 잘못된 결과는 아니다. 즉 우리 내부의 메커니즘에 의해 불행이 생긴다 해도 그 메커니즘이 잘못된 것은 아니다. 욕망시스템은 사람을 사로잡아 그 사람으로 하여금 자신의 재생산을 극대화하도록 '원래 그렇게 설계된 것이다'. 부정적인 감정시스템도 열 번의 잘못된 경고에 시달린다 해도 죽는 것보다는 낫기 때문에 과잉 반응하게끔 '원래 그렇게 설계된 것이다'. 따라서 우리가 행복한 사람이 되기로 했다면, 우리의 가장 큰 적은 다름 아닌 행복해지기 위해 이용해야 하는 '심리'다. 다행히 심리는 매우 영리하고 유연하기 때문에 인식—행동치료법과 즐거운 활동 훈련 같은 기법들을 초월해 스스로 방법을 모색할 수 있다.

자신을 변화시키는 방법

이제 행복에 가까워지기 위해, 즉 감정의 주체인 자신을 변화시키기 위해 사용할 수 있는 최후의, 그리고 아마도 가장 강력한 방법에 대해 이야기할 때이다. 인식―행동치료법과 즐거운 활동 훈련은 한편으로는 생각을 통해, 또 한편으론 활동을 통해 모두 쾌락적 삶의 질을 조작하는 방법들이다. 그러나 내적으로 쾌락적 경험에 초점을 맞추는 것이 가능한 유일한 전략은 아니다. 기실, 그렇게 하면 오랫동안 '쾌락의 역설' hedonic paradox로 알려진 위험이 발생한다. 쾌락의 역설이란 사람들이 행복 그 자체를 추구할수록 행복으로부터 더 멀어지지만, 다른 것을 추구함으로써 의도하지 않은 가운데 행복에 더 가까워질 수 있다는 관념이다. 이 역설을 가장 잘 표현한 사람은 존 스튜어트 밀John Stuart Mill이었다.

자신의 행복 말고 다른 것에 마음을 쏟는 (…) 사람들만이 행복하다. 따라서 다른 것을 목표로 하는 가운데 사람들은 행복을 얻는다.

반대로 자신의 행복에만 관심을 기울이면 사람들은 어쩔 수 없이 충분히 행복하지 않다는 사실을 발견하게 된다. 요컨대 '자신이 행복한지 아닌지 생각하면 할수록 더 이상 행복하지 않다'.

세대를 초월해 사람들은 자신보다 큰일에 매달림으로써 부정적인 감정의 영향을 최소화하려고 한다. 예컨대 많은 사람들은 자연과 웅장한 자연경관을 찾는데, 그렇게 함으로써 일종의 원기를 찾는 것이다. 기실, 우리가 물과 야생이 어우러진 광대한 자연을 열망하는 것은 우리 조상들이 번성했던 장소를 찾으려는 메커니즘이 남아 있다는 것을 의미한다고도 한다.

우리는 또한 우리 친구들의 실제 이야기가 아니라 예술과 문학에서 표현되는 가상의 이야기를 통해 우리 자신을 초월한 일들을 접한다. 그러한 이야기들을 통해 우리는 인간으로서 겪는 복잡한 일에 시달리는 것은 우리만이 아니라는 사실을 반추할 수도 있다. 어떤 사람들은 우표를 수집하거나 연

만들기 같은 일을 통해서라도 물질세계를 조직하거나 물질세계에 관여함으로써 내적 만족을 찾는다.

신앙 또한 자신을 초월하는 것에 사람들을 연결시켜 준다. 종교생활을 하는 사람들이 더 건강하고 행복하다는 증거는 많다. 이에 대해서는 몇 가지 설명이 가능하다. 하나는 종교집단이 사회적 후원과 동류의식을 제공해준다는 설명이고, 다른 설명은 종교적인 사람이 될 경향이 있는 개성이란 따로 있다는 것이다. 게다가, 종교는 건강한 라이프스타일을 촉진하는 경향이 있다. 그러나 종교생활을 하는 사람들이 더 건강하고 행복한 또 다른 요인은 일종의 정신적인 것인데, 종교가 말하는 형이상학적인 이야기는 고통스런 삶의 근심을 덜어주고 보다 큰 맥락에서 사람들의 생각과 감정에 위안을 준다는 것이다.

예일 대학교 심리학자 퍼트리샤 린빌Patricia Linville은 사람들이 가진 자기이미지가 다양하다는 것을 보여주었다. 예를 들면, 나는 나 자신을 그저 학자로만 생각할 수도 있고, 아니면 학자요 작가요 선생이며 요리사이고 동시에 누군가의 친구이며 배드민턴 선수라고 생각할 수 있다. 린빌은 한 사람의 자기이미지가 여러 개일수록 그 사람이 어떤 일에 성공하거나 실패하더라도 그에 따라 행복이 좌우될 가능성은 적어진다는 사실을 발견했다. 그 이유는 매우 분명하다. 즉, 만약 내가 그저 한 사람의 학자이고 학문적으로 뒤처졌다면, 그때 나의 전체적인 자아는 무기력하고 가치 없는 것처럼 보인다. 그러나 내가 여러 자기이미지를 갖고 있다면 학자로서 실패한 것이 나의 정체성에 미치는 영향은 훨씬 덜 심각하다.

린빌의 연구는 자아복잡성self-complexity: 즉 자기이미지가 여러 개일 경우이 스트레스를 받았을 때 우울증을 피하는 데 도움이 된다는 것을 보여주고 있다. 따라서 한 공동체에 속해 자원봉사를 하고 사회적 교류가 풍부한 사람은 그렇지 못한 사람보다 더 건강하고 더 행복하다.

보다 광범위한 관심사에 초점을 맞추는 것이 실제 고통을 없애준다는 것을 의미하는 것은 아니다. 그러나 그렇게 함으로써 우리의 느낌은 맥락을 갖게 된다. 이렇게 하는 기법 중 하나가 정념명상正念冥想이다. 주관적인 행복에 명상이 긍정적인 효과를 미친다는 증거는 아주 인상적이다. 규칙적으로 명상하는 사람들은 부정적인 감정수준이 낮았으며, 실험지원자들을 대상으로 한 명상강좌는 스트레스를 낮추고 행복감을 증진시키면서 면역반응을 높이는 것으로 나타났다.

정념명상은 사람들에게 어떤 의식을 갖고 있는지 인식하고 있어야 하지만 그 의식에서 벗어날 수 있어야 한다고 가르친다. 정념명상에서 부정적인 감정이란 성가시지만 일시적이며, 그런 감정을 경험하는 사람의 본질에 속하는 것은 아니라는 식으로 설명된다. 이 원칙은 또한 최근에 개발된 인식치료법의 한 방법, 즉 정념—인식치료법에 사용된다. 기존의 인식—행동치료법에서는 부정적인 사고를 변화시키고 그에 부딪쳐 싸우는 것을 강조하는 반면, 정념—인식치료법은 단순히 의식의 내용을 인식하면서도 모든 판단을 배제한 채 그것을 관조하며, 그럼으로써 부정적인 사고의 영향에서 벗어날 것을 강조한다.

흥미롭게도 지난 20년 동안 행해진 연구에 의하면, 한 사람이 자신의 경험에 대해 주기적으로 글을 쓰는 것이 행복과 건강에 좋은 영향을 미쳤다고 한다. 이는 또한 면역기능에도 분명한 영향을 미쳤다. 글을 쓴다는 것은 그 글의 대상이 되는 경험들이 부정적인 것이든 긍정적인 것이든 간에 치료효과가 있는 것으로 보인다. 기실, 글을 통해 부정적인 감정을 설명하는 일은 부정적인 감정을 억제하거나 발산하는 것처럼 단순한 작업이 아니다. 글을 쓴다는 것은 우리로 하여금 우리의 사고에 더 집중하게 만들면서도 그 사고와 거리를 두게 함으로써 정념치료법이나 명상과 비슷한 효과를 내는 것이다.

욕망에서 벗어나면 고통에서 벗어나게 된다. 다섯째 장〈원하는 것과 좋아하는 것〉에서 살펴본 것처럼, 인간은 물질적 부와 사회적 지위와 같은 욕망을 추구한다. 이런 욕망과 성취 사이의 갭은 항상 좌절의 근원이 된다. 사람들이 돈을 더 중요하게 여기면 여길수록 자신의 소득에는 덜 만족한다는 것을 우리는 이미 살펴본 바 있다. 감정의 주체를 변화시키는 한 가지 중요한 방법은 아무리 채우려 해도 충족되지 않는 욕정과 욕망을 단념하는 일이다. 윌리엄 제임스는 그러한 단념이 어떻게 삶의 활력소가 되는지 다음과 같이 말하고 있다.

허세를 포기하는 것은 허세를 충족시키는 것만큼이나 축복이다. 어떤 일이 덧없다는 것을 충심으로 받아들이면 마음은 이상하게 가벼워진다. 우리가 젊어지고 날씬해지기를 포기한 바로 그날이야 말로 참으로 즐거운 날이 된다. 바로 그런 날 우리는 "신이여, 감사합니다. 망상이 사라졌습니다!"라고 말하게 된다.

욕망의 포기는 스토아 철학의 특징이며 많은 종교집단이 주장하는 신조다. 기독교에서 욕망을 멀리하는 것은 심리적인 이유에서가 아니라 도덕적인 이유 때문이다. 그러나 욕망을 멀리하는 것은 심리적으로 유익한 것인데, 그것은 결코 채워지지 않는, 따라서 결국엔 자기파괴적인 것이 되고 마는 욕정, 특히 물욕으로부터 사람들을 해방시키기 때문이다. 동양에는 스스로 단순한 삶을 살고 욕망을 능숙하게 통제하려는 오랜 전통이 있다. 불교의 경우, 행복은 외적 조건이 아니라 정신에 달려 있다고 본다.

인도 산골에 칩거하고 있는 달라이 라마를 만나러 간 부유한 미국인에 관한 유명한 일화 하나를 소개하겠다. 이 미국인은 달라이라마를 위해 커다란 선물상자를 갖고 갔다. 달라이라마는 주저하며 포장을 풀었는데, 상자 안에는 아무것도 없었다. 그러자 달라이라마는 놀라며 이렇게 말했다. "이것이 바로 내가 항상 원했던 바로 그거야!"

물질주의가 물질적 환경에 대한 불만을 낳듯, 무엇을 하거나 가짐으로써 행복을 찾으려는 것은 오히려 행복에서 더 멀어지는 길이다. 영국 시인 존 키츠John Keats가 말한 것처럼, 행복을 경험하기 위해서는 최소한 이따금 바로 그 순간, 그곳에 완전히 존재해야 하며, 욕망이나 자의식에 사로잡혀서는 안 된다.

욕심은 행복을 깨뜨린다.
찬란한 하늘 속에서도 우리를 슬프게 하며
종달새의 지저귐도 아름답게 듣지 못하게 한다.

Happiness

진정한 삶을 위한 행복 설계

A Design for Living

행복에 관한 단상들

[인생은] 끝없이, 진정 무한히 계속되는 투쟁 과정이다. 모든
일이 잘 해결된 평온한 상태에는 결코 도달할 수 없다. 그것은
모든 식물들이 곧게 자라기 위해 자신의 행로를 찾는 것과 같
은 투쟁이다. 아주 많은 시간 동안, 인생은 실패의 연속이지만,
동시에 그런 실패로부터 뭔가를 깨달았다면 그것은 결코 실패
가 아니다.

―아서 밀러

《은하수를 여행하는 히치하이커를 위한 안내서Hitchhiker's
Guide to the Galaxy》라는 참으로 불명확한 이름의 3부작 중 제5권
인《대체로 무해함Mostly Harmless》에서 작가 고 더글러스 애덤스
Douglas Adams는 MISPWOSOthe Maximegalon Institute of Slowly and Painfully
Working Out the Surprisingly Obvious: 아주 뻔한 문제들을 느리고 힘들게 푸는 맥시메갈론
연구소라는 한 연구소의 인공지능 로봇 개발에 관한 이야기를
했다. 로봇들은 상황에 따라 할 일에 대해 점점 더 구체적인
명령을 입력 받아 어느 정도는 인공지능을 갖도록 만들어졌

다. 그런데 이런 방법이 가진 문제는 로봇들이 어떤 재미있는 일을 하기 위해서는 수많은 코드로 사전에 프로그램 되어야 하고, 프로그래머가 사전에 생각지 못했던 상황이 생길 때마다 완전히 다시 프로그램 되어야 한다는 것이다.

그런데 맥시메갈론 연구소는 로봇에게 행복해질 수 있는 능력을 부여함으로써 새롭게 도약할 수 있었다. 이제 어마어마한 양의 컴퓨터 코드들이 필요 없게 되었다. 프로그래머가 할 일은 로봇에게 (1) 행복해지거나 불행해질 적성 (2) 행복해지거나 불행해지기 위해 충족되어야 할 단순한 조건들, 그리고 (3) 경험을 통해 학습하는 능력을 부여하기만 하면 충분했다. 그러면 로봇들은 스스로 무엇을 할지 알게 된다.

공상과학 소설에서 자주 볼 수 있는 것처럼 여기에는 진지한 통찰력이 있는데, 그것은 가상의 로봇에 대한 통찰력이 아니라 실제 인간의 구조에 관한 것이다. 심리학에서 맥시메갈론 연구소의 가설에 해당되는 것은 다음과 같다.

우리는 다양한 방법으로 변화무쌍한 환경에서 살고 있는 아주 유연한 성공한 종種이다. 진화과정이 우리에게 가능한 모든 상황에서 무엇을 해야 할지에 대해 선천적인 구체적인 지침을 줄 수는 없었다. 우리가 사회규범과 최선의 행동전략을 선택하게 된 것은 진화에 의해서라기보다는 상당 부분 환경에 의해서였다. 그러나 가장 중요한 것은, 진화가 우리에게 행복해질 수 있는 능력과 행복해지기 위해 필요한 몇 가지 단순한 조건을 부여했다는 것이다. 이런 조건들은 자연선택에 의해 형성되었는데, 그것은 이런 조건들 모두가 주어진 환경 속에서 우리 조상들이 성공적으로 종족을 보전하는 데 도움이 되었기 때문이다.

그 조건은 첫째, 육체적·정신적으로 안전하면 불안할 때보다 행복하다. 둘째, 짝이 있으면 없을 때보다 행복하다. 셋째, 사회적 지위가 낮을 때보다 높을 때 더 행복하다 등등. 행복의 조건을 실제 어떻게 확보하느냐 하는 것이 구체적이진 않지만, 그 조건을 확보하기 위해 억지로 나설 필요도 없었다. 왜냐하면 인간은 최적의 행동을 통해 얻은 행복이 좋은 것이고, 그런 행동을 되풀이함으로써 좋은 결과를 얻고 나쁜 결과는 줄일 수 있다는 학습능력을 갖게 됨으로써 그러한 최적의 행동양식을 몸에 익혔기 때문이다.

사실, 맥시메갈론 연구소는 인간의 동기가 어떻게 작용하는지에 대해 심리학자들이 전통적으로 생각하고 있던 바를 어느 정도는 정확히 묘사했다. 맥시메갈론 연구소의 개념이 아주 잘못된 것은 아니지만, 이 책에서 살펴본 자료에 의하면 우리가 갖고 있는 시스템은 보다 정교한데, 그렇게 정교해진 것은 진화론적인 이유 때문이었다.

맥시메갈론 연구소의 삶을 위한 설계가 가진 문제는 그것이 사용하는 행복의 조건들이 절대적이라는 데 있다. 맥시메갈론 연구소의 개념은 '짝이 있으면 행복해야 한다'와 같이 절대적인 규칙이 우리에게 있다는 것이다. 이런 개념이 가진 문제는, 진화는 본질적으로 경쟁과정이며 종족보존, 즉 재생산의 성공은 타인들과의 관계에서 항상 상대적인 것이라는 점을 간과하고 있다는 것이다. 짝이 있는 남성이 짝이 없는 남성보다 재생산에 성공할 가능성이 높은 것은 사실이다. 그러나 그가 다른 남자들은 서너 명의 부인을 거느리고 사는 일부다처제 사회에서 살고 있다면, 그는 진화과정 밑바닥에 있는 것이다.

재생산 조건의 상대성은 물질적인 측면의 경우 훨씬 더 강력하다. 경쟁자가 어두운 숲을 배회하고 있을 때, 안전하고 적당히 건조한 동굴에서 사는 것은 매우 훌륭한 일이다. 그러나 경쟁자들이 식기세척기를 가진 안락한 벽돌집에서 살고 있는데, 동굴에서 사는 것은 그리 영리한 전략은 아니다.

따라서 최소한 진화는 행복의 조건을 갖추기 위해 그때그때 필요한 것을 우리에게 제공할 필요가 있었다. 다른 말로 하면, 우리는 진화과정에서 '건강, 물질적 조건, 그리고 배우자의 측면에서 다른 사람들보다 나은 만큼 행복하라'와 같은 규칙을 가질 필요가 있었다.

또한 맥시메갈론 연구소는, 로봇은 자신을 행복하게 한 일이면 무슨 일이든 그 일을 계속한다고 보고 있다. 이런 개념은 주변이 여러 가능성으로 가득 찼다는 점을 간과하고 있다. 딸기 밭을 가지고 있는 것은 좋은 일일 수 있다. 그러나 언덕 너머 개울에 연어의 회귀가 시작되고 있을 수 있다. 따라서 딸기 밭에서만 너무 행복해하는 사람은 경쟁자와 비교해 불리할 수도 있다. 왜냐하면 그는 연어를 잡을 절호의 기회를 놓치게 될 것이기 때문이다. 따라서 진화는 (1) 우리를 결코 완전히 또는 영원히 행복하게 만들 수는 없고, (2) 한순간 우리가 가진 것 중 가장 중요한 것에 신속하게 적응하도록 하고, 우리로 하여금 미래에 더 나아질 가능성에 초점을 맞추게 한다.

이와 같은 행복의 상대성에 관한 논의 저편에는 특히 주변 사람들이 자신과 비슷하면 그리 불행을 느끼지 않는다는 주장이 있다. 우리가 살펴본 바와 같이, 극단적인 불행상태는 하나의 긴급한 심리반응이다. 이런 반응은 면역체계와 세포조직 복구 같은 일에 에너지를 쓰는 대신 근육과 뇌에 에너지를 집중시킨다. 단기적으로는 실제 문제에 긴급히 반응하고 대처해야 한다. 그러나 만약 보다 장기적으로도 환경이 여의치 않고 또 변화할 것 같지 않으면, 유기체는 어떡하든 삶을 꾸려나가면서 그 환경에 보다 잘 적응하게 될 것이다. 따라서 '요컨대 환경이 어렵고 변할 것 같지도 않으며 다른 모든 사람도 똑같이 힘든 상황이라면, 아주 불행하다고 느끼지 말라. 만약 자신의 존재에 실제로 그리고 영구적으로 악영향을 미치는 일이 벌어지면, 심리적으로 긴급히 반응하라. 그러나 시간이 가면 그런 반응을 줄이고 원래 상태로 되돌아가라'는 규칙이 생길 것이라고 예측할 수 있다.

이런 관점에서 볼 때, 이 책에서 살펴본 많은 연구들은 중요한 의미가 있다. 다음은 그런 연구결과 중 중요한 것을 요약한 것이다.

• 대다수의 사람들은 자신이 불행하기보다는 행복한 축에 속한다고 말한다. 가난한 나라 사람들도 마찬가지이며 선진국

의 하층계층도 그렇고, 심지어는 실직자나 가족과 사별한 사람 그리고 장애인들도 그렇다.

- 완전히 행복하다고 말하는 사람은 거의 없다. 대부분의 사람들은 지금보다 미래에 훨씬 더 행복해질 것이라고 생각한다.
- 소득과 물질적 재산을 통해 느끼는 행복은 주변 사람의 재산에 따라 상대적이다.
- 사람들은 삶의 환경이 긍정적으로 변하면 아주 신속히 적응한다. 그리고 처음의 행복수준으로 복귀한다.
- 사람들은 부상이나 이혼 같은 아주 부정적인 인생사를 겪은 후 매우 불행해진다. 그러나 대부분의 경우 새로운 환경에 충분히 적응한다.

그러나 이와 같은 연구결과에 수정을 요구하는 연구결과도 많다. 예를 들면, 우리가 살펴본 바와 같이 사람들은 행복해지기 위해 택한 것이 행복에 정녕 어떤 영향을 미칠지 그리 잘 예측하지 못한다. 더욱이 사람들은 실험실에서건 실제 삶에서건 사실은 별로 즐기지도 않는 것들을 얻기 위해 열심히 노력하며, 때로는 즐거운 일을 하도록 훈련받을 필요도 있다. 만약 우리의 심리가 행복을 느끼는 것을 목적으로 설계된 것이라면 우리는 즐기지도 않는 것을 얻으려고 노력하는 일 따위는 하지도 않고 즐거운 일을 하도록 훈련받을 필요도 없다. 왜냐하면 우리는 자연히 즐길 수 있는 것만을 얻기 위해 노력하며, 훈련받지 않고도 자연히 즐거운 일만 할 것이기 때문이다.

그러나 우리의 심리는 행복을 느끼는 것을 목적으로 설계된 것이 아니다. 대신, 진화는 우리에게 행복과 관련된 몇 개의 서로 다른 시스템을 부여했다. 하나는 쾌감시스템pleasure system이다. 쾌감시스템의 흐름을 담당하는 것이 오피오이드이며, 쾌감시스템은 단기적으로 작용한다. 이 시스템의 목적은 종족보존에 좋은 일이 진행되는 동안 다른 요구와 활동들을 무시하는 것이다. 쾌감은 사랑, 섹스, 존경, 음식같이 분명코 유익한 일들에 의해 생긴다. 물론, 이런 욕구를 만족시키거나 다른 욕구가 발생하면 쾌감은 곧 사라진다.

반면에, 우리는 욕망시스템system of desire, wanting system을 갖고 있다. 이 시스템은 중뇌의 도파민 순환에 의해 작동된다. 이 시스템은 우리로 하여금 봉급인상과 지위상승 같은 성과를 얻기 위해 오래 일하게 만든다. 이 시스템은 장기적으로 일련의 행동을 형성한다. 우리가 열망하는 많은 것들 또한 쾌감을 주지만, 그 쾌감을 얻는 것이 필수적인 것은 아니다. 왜냐하면 쾌감시스템과 욕망시스템은 부분적으로 독립적이기 때문이다. 따라서 진화는 우리가 행복을 원하게 만드는 대신 일반적으로 우리의 종족보존에 유익한 것들을 원하도록 만들었다.

우리는 지위가 높을수록 재생산(종족보존)에 성공할 확률이 높고 물질적 자원이 항상 부족한 환경에서 진화했다. 따라서 우리의 심리는 우리에게 보다 높은 지위를 얻기 위해 경쟁하고 보다 많은 자원을 확보하라고 명령한다. 높은 지위를 얻고 많은 자원을 얻는 것이 우리를 행복하게 만들기 때문에 이런 일을 하고 싶어 한다고 생각할 수 있다. 그러나 실제로는 우리 조상 중 가장 성공한 사람들이 높은 지위와 많은 자원을 얻고 싶어 했던 사람들이었기 때문에 우리가 이런 것을 원하는 것이지, 이런 것이 행복에 직접적인 영향을 미치는 것은 아니다.

진화는 우리로 하여금 행복에 관해 아주 맹목적인 생각을 갖도록 했다. 즉, 우리는 이룰 수 있는 행복이 있고 그것은 중요하고 바람직한 것이며, 우리가 원하는 일들은 우리에게 행복을 가져다줄 것이라고 맹목적으로 믿는다. 그러나 이런 믿음이 실제 옳은지는 자명하지 않다. 그렇다고 해도 이런 믿음이 문제가 되는 것은 아니다. 우리가 종족보존에 유익한 것들을 찾아 나서게 된다면 진화의 목적은 이루어진 것이다. 진화는 종족보존에 좋은 것들이 행복을 가져다주고 행복이란 바로 우리가 원하는 것이라고 믿게 함으로써 우리로 하여금 종족보존에 좋은 것들을 찾아 나서게 했다. 진화가 결과적으로 행복을 가져다줄 필요는 없다. 진화과정을 통해 갖게 된 행복에 대한 맹목적인 생각은 우리의 노력을 촉발함으로써 그 역할을 다한 것이다.

다시 말해, 진화는 우리가 직접 행복을 얻도록 하는 것이 아니라 우리로 하여금 행복을 추구하도록 하는 것이다. 진화는 다음에 나올 무지개 너머에 행복이 있다고 말하지만, 우리가 그 무지개 너머에 이르면 또다시 다음 무지개 너머에 행복이 있다고 말한다. 그렇다고 해서 이것이 속임수라고 생각할 필요는 없다. 왜냐하면 우리는 원래 궁극적인 행복을 느끼는 존재가 아니라 끊임없이 행복을 추구하는 존재로 만들어졌기 때문이다. 그런 의미에서 행복은 이성reason이 아니라 상상imagination의 개념이라고 말한 임마누엘 칸트가 옳다.

이런 견해는 이 책을 통해 살펴본 다음과 같은 다른 많은 연구결과들에 의미를 부여한다.

- 사람들은 행복의 관념에 사로잡혀 삶에는 다른 좋은 것들이 있다는 증거에도 불구하고, 그것이 무엇이든 행복을 약속하기만 하면 그것을 따라간다. 행복 말고 플로우, 단결, 또는 자율성 같은 것들은 종종 행복을 위해 포기되어야 한다.

- 원하는 것과 좋아하는 것은 부분적으로 조화를 이루지 못한다. 적은 양의 모르핀으로는 결코 만족을 느끼지 못하지만 (즉 좋아하지는 않지만), 그 적은 양의 모르핀을 얻기 위해 부지런히 노력했던(즉, 원했던) 모르핀 중독자들에 대한 실험을 기억하자(다섯째 장 〈원하는 것과 좋아하는 것〉).

- 우리는 임금인상과 승진을 위해 열심히 일하는 것과 같이 아무런 쾌감도 주지 않는 행동들을 많이 선택한다. 기실, 우리는 소득이나 재산 대신 사람과 사귀거나 취미활동을 하면 더 많은 즐거움을 누릴 수 있지만, 대부분의 사람들은 그렇게 하지 않는다.

- 사람들은 원했던 일의 긍정적인 효과를 과대평가하고 원치 않던 일에 대한 적응력을 과소평가하면서, 목표달성이 자신의 행복에 미치는 영향에 대해 아주 부정확한 판단을 한다.

- 자신이 실제로 즐기는 일을 하기 위해서는 때로 훈련이 필요하다.

행복의 역설

조지 버나드 쇼George Bernard Shaw는 자신의 희곡 《인간과 슈퍼맨Man and Superman》에서 등장인물을 통해 다음과 같이 외쳤다. "평생의 행복! 살아 있는 그 누구도 그것을 견딜 수 없다. 그것은 지상의 지옥이 될 것이다." 이 말은 행복과 관련된 여러 재미있는 역설 중 하나를 강조하고 있다. 비록 우리 모두 행복은 바람직한 것이고 그것을 추구하는 것이 중요하다고 느끼는 것 같지만, 모든 사람이 행복한 세계는 결코 유토피아가 아니다. 기실, 그런 세계는 사람들이 항상 타도해야 할 디스토피아다. 예컨대, 스키너B. F. Skinner가 제시한 심리적 이상사회 '월든 투'Walden Two: 최고의 행복한 사회를 실현하기 위해 무수한 실험이 가능한 이상사회는 많은 독자들에게 악몽으로 다가왔다.

가장 좋은 예는 헉슬리의 《멋진 신세계》다. 처음엔 헉슬리가 우리에게 제시한 영국이 왜 디스토피아인지 정확히 지적하기 어렵다. 국가에 의한 개인의 삶의 조작(본질적으로 국가와 대기업이 혼합되었기 때문에 실제로는 기업에 의한 조작이다)이라는 우려가 있다. 그러나 개인의 삶에 대한 제도적 개입을 반대하는 주장 대부분은 그러한 개입이 사람들을 불행하게 만든다는 관념에 기초하고 있다. 그러나 헉슬리의 세계에선 모든 사람이 행복하다. 이들의 의식이 소마와 같은 약물로 무뎌지는 것은 사실이다. 그리고 사람들의 의식을 무디게 하는 것에 대해 그것이 사람들을 불행하게 만들 것이라는 그저 그런 반대가 있지만, 소마는 그렇지 않다. 그렇다면 무엇으로 헉슬리의 세계를 비판할 것인가?

소설이 계속될수록 무엇이 빠졌는지 분명해진다. 헉슬리가 우리에게 제시한 것은 행복은 있지만 '플로우'는 없는 세계이다. 기억하겠지만 플로우란 강력한 도전이 있지만 충분한 기술을 갖고 그것에 대응하는 몰입상태를 말한다. 그 상태가 반드시 행복한 상태일 필요는 없지만, 만족스럽고 매력적인 상태이긴 하다. '멋진 신세계'에서는 안정된 소비자 중심주의, 사회공학, 오락, 그리고 약물들을 통해 본질적으로 하등의 노력을 기울이지 않아도 모든 즐거움을 누릴 수 있다. 따라서 헉슬리의 책에서 서유럽의 지배자 무스타파 몬드는 다음과 같이 말한다.

무스타파 몬드는 물었다.

"자기가 좋아하는 것들을 생각해보라. 여러분 중 그런 것을 얻는 데 도저히 극복할 수 없는 문제에 직면했던 사람이 있는가?"

아무도 그 물음에 이의를 달 수 없었다.

"여러분 중 욕망을 충족시키는 데 오래 기다려야만 했던 사람이 있는가?"

그러자 한 소년이 말했다.

"저, 내가 좋아하는 여자애가 나를 허락할 때까지 거의 4주일이나 기다렸던 적이 있어요."

"그래서 어떤 감정을 느꼈니?"

"끔찍했어요!"

"바로 그렇다. 끔찍하지." 지배자는 말했다. "우리 조상들은 너무나 멍청하고 근시안적이어서 최초의 개혁가들이 나타나 그들을 그런 끔찍한 감정에서 구해내려 할 때, 조상들은 그들과 아무런 일도 함께 하지 않으려 했다."

로버트 노직Robert Nozick의 말처럼, 원하는 모든 좋은 일을 제공해주는 기계가 있다 해도, 우리가 그 기계를 사용할지는 분명치 않다. 만족을 얻기 위해 필요한 도전이 만족의 기초가 된다. 그리고 도전이 줄어들면 만족이 가진 매력도 사라진다. 따라서 역설적으로, 만족도를 높이기 위해서는 실패하고 좌절할 가능성이 있다는 것을 인정해야 한다. 행복이 여하간 의미를 가지려면 불행해질 가능성이 있어야 하는 것이다.

《멋진 신세계》 끝부분에서, (세비지로도 알려진) 반란자 존은 지배자와 맞선다. 지배자는 진실과 아름다움보다 안락함을 강조함으로써 만인의 행복을 달성할 수 있다고 믿었다. 예술과 학문은 그것들이 도전과 기술과 좌절을 필요로 하는 까닭에 불가능한 영역이 되었다. 행복을 얻기 위해서는 어떤 식으로든 대가를 지불해야 하며, 안락함을 보장받기 위해서는 다른 경험들을 포기해야 한다. 세비지는 다음과 같이 말한다.

> "그러나 난 안락함을 원하지 않소. 난 신을 원하며 시를 원하고 실제 위험을 원하며 자유를, 여신을, 그리고 죄악을 원하오."
>
> 그러자 지배자 무스타파 몬드는 말했다.
>
> "실로, 너는 불행해질 권리를 주장하고 있는 것이다."

"좋소. 그러면 난 불행해질 권리를 주장하고 있는 것이오"라고 세비지는 도전적으로 말했다.

"늙고 추하고 무기력해질 권리뿐만 아니라, 매독과 암에 걸릴 권리, 굶주릴 권리, 비참하게 살 권리, 내일 무슨 일이 일어날까 끊임없이 걱정할 권리, 장티푸스에 걸릴 권리, 모든 종류의 형언할 수 없는 고통으로 신음할 권리를 원한단 말인가?"

둘 사이에 오랜 침묵이 흘렀고 마침내 세비지가 입을 열었다.

"난 그 모든 권리를 주장하는 바요."

오스트리아 태생의 영국 철학자 루트비히 비트겐슈타인 Ludwig Wittgenstein, 1889-1951은 임종 순간 하숙집 여주인에게 "난 정말 멋진 삶을 살았다고 전해주시오!"라고 말한 것으로 알려져 있다. 비트겐슈타인의 삶은 일반적인 의미에서 행복한 것은 아니었다. 그는 번민에 고통 받은 우울하고 예민한 자기혐오적인 사람으로 유명하다. 그는 자신의 천재적인 철학적 성과 중 평생 단 한 권, 《논리철학논고Tractatus Logico-Philosophicus》만을 출간했고 그것마저 폐기해버렸다. 더욱이 그는 여러 번 철학을 포기하고 힘든 학교선생이 되려고도 했다. 그는 그의 후기 연구를 부분적으로 철학적 문제로부터 정신을 해방시키려는 시도로 보았는데, 그에게 있어서 철학적 문제들은 육체적 고통과 다름없이 그를 괴롭히는 것들이었다.

광범위한 인간적 선과 인간 잠재력의 실현을 포함하는 3단계 행복의 견지에서 보면 비트겐슈타인의 삶은 잘 산 삶이다. 그러나 그의 삶은 즐거움이나 삶에 대한 만족이라는 1단계나 2단계 행복의 견지에서 보면 행복한 것은 아니었다. 따라서 비트겐슈타인이 자신의 삶은 멋진 것이었다고 말했을 땐, 한 가지 의미에서만 옳았다. 그는 논리, 언어, 개인의 정체성, 문화, 그리고 정신철학에 대한 깊은 탐구를 통해 20세기에 가장 심오한 철학적 기여를 했다. 그는 처음엔 그의 학생들을 통해 직접적으로, 그리고 그의 독자들을 통해 간접적으로 아주 특별한 영향을 미쳤다. 그러나 다른 의미에서 그는 아주 오랫동안 감정적 고통에 시달렸고, 감정적 수준에서 매우 고통 받았기 때문에 3단계 행복의 측면에서 자신의 업적을 이루고자 했다고 볼 수도 있다.

과연 그가 이렇게 살 만한 가치가 있는 것이었을까? 어떤 의미에선 분명 '그렇다'. 나로서는 비트겐슈타인이 행복하게 사는 세계보다는 그가 《논리철학논고》를 써낸 그런 세계에 사는 편이 낫다. 물론 거기에는 자신과 타인 사이에 갭이 있다. 또 나로서는 비트겐슈타인과 동고동락하는 사람이기보다는 그의 독자로 남은 것이 오히려 잘된 일이다. 그러나 비트겐슈타인은 매우 극단적인 예다. 세상에는 행복하게 살아서가 아니라 다른 인간 선과 목적을 위해 헌신했기 때문에 내가 경외해 마지않는 많은 사람들이 있다. 자신의 천직을 추구하면서 그들은 좌절과 불행을 겪었다. 그러나 '행복'이란 신기루이기 때문에 그들이 그렇게 한 것은 정녕 합당한 일이다. 행복을 통해 우리가 얻는 것은 중요하지만 결국 제한된 수준의 보상에 불과하기 때문에, 우리가 인간의 삶을 멋지게 만드는 다른 것들, 예컨대 목적, 공동체, 유대, 진실, 정의, 아름다움 등을 추구하는 것은 당연한 일이다.

이런 결론은 긍정심리학, 수많은 자기수양서, 그리고 많은 정신 및 사회 운동에서 내린 결론과 같은 것이다. 그렇다 해도 이런 결론에 대해 약간의 경고가 있어야 한다.

첫째, 위에서 표현된 정서, 즉 감정적인 행복보다는 인간의 선과 목적을 추구하는 것이 의미 있다는 의견은 적절한 조언이라기보다는 하나의 도덕적 권고가 될 수 있는데, 그러면 문제가 된다. 심리학자들은 자신의 영역에서만큼은 원하는 대로 해도 좋지만, 다른 관심을 가진 사람들을 폄하해서는 안 된다. 심리학 연구에 의해 완전한 쾌락주의적 행복은 유지하기 매우 어렵다는 것, 욕망의 충족은 습관화된다는 것(즉 욕망을 충족할수록 욕망은 더 커진다는 것), 복합적인 자아는 우울증을 예방한다는 것, 그리고 이런 것들을 알아둘 필요가 있다는 등등의 몇 가지 일반 원칙들이 입증될 수는 있다. 그러나 궁극적으로 사람들은 스스로 만족을 얻어야 하고, 자신의 관심이 소설을 쓰거나 아마존을 탐험하는 것이 아니라 해도 수치심이나 죄의식을 느낄 필요는 없다. 행복하다는 것은 정말 중요한 일도, 또 비난할 일도 아니다.

둘째, 심리학은 플로우를 경험하거나 목적의식을 갖는 것이 행복에 중요하다고 말할 수는 있지만, 어떤 목적을 가져야 하는지, 또는 플로우가 어디서 비롯되는지에 대해 설명하지는 못한다. 플로우를 경험하거나 목적의식을 갖는 일은 모든 사람이 각자 개별적으로 해야 하는 일이며, 그 해답은 사람들마다 다를 것이다.

사회가 진보하면
더 행복해질까?

그러면 행복의 미래는 어찌될 것인가? 경제발전이 계속되면 인간은 완전한 행복에 이를 수 있는가? 우리는 이것을 기대할 수 없는 수많은 이유를 이미 살펴보았다. 사람들이 스스로 평가하고 보고한 평균 행복지수는 최대치는 아니라 해도 이미 매우 높은 수준이다. 행복의 본래 특성, 즉 사회적 비교수단으로 사용된다는 것, 원래 행복상태로 복귀하려는 경향이 있다는 것, 여러 상호배타적인 활동의 근원으로 작용한다는 것 등은 얼마나 행복한지와 관계없이 궁극적으로 행복 문제를 해결할 수 없게 만든다. 우리가 이미 살펴본 바와 같이, 지난 반세기 동안 물질적 부가 획기적으로 증가했음에도 불구하고 평균 행복수준은 전혀 높아지지 않았다.

따라서 지금보다 훨씬 행복해질 전망은 없는 것으로 보인다. 반대로 행복이 감소할 위험은 있는가? 사람들이 과거에 더 행복했으며 가난했었기 때문에 멋진 삶을 살 수 있었다고 생각하는 것은 매력적으로 들리지만, 그런 견해는 일반적으로 증거에 근거한 것이 아니라 향수에 근거한 것이다. 그러나 평균 행복수준에 거의 변화가 없다 해도, 불행한 사람들의 경우엔 놀라운 경향이 발견된다. 예를 들면, 우울증 비율은 최근 몇십 년 동안 선진국에서 매우 빠른 속도로 증가했다. 우울증은 언제나 강한 유행성이 있기 때문에 해결하기 어려운 문제다. 과거에는 우울증을 감추거나 심리적 증상이 아닌 육체적 증상으로 간주했기 때문에 우울증 사례가 상대적으로 적게 드러났다. 그러나 지금은 사람들이 보다 개방적이고 치료 부작용이 적어져 자신의 상태를 병으로 보고 치료하려는 경향이 강해 과거보다 우울증 사례가 더 많이 보고되고 있다. 그러나 매우 정교하게 진행된 연구들에 따르면, 단순히 보고 사례에서가 아니라 실제로도 우울증이 증가하고 있다. 다른 지표들도 같은 결과를 보여준다. 젊은이들의 자살이 최근 몇십 년간 증가했으며, 비록 기대수명이 사상 최고수준으로 높아졌다 해도 최소한 미국인들의 경우 자신의 건강에 대한 평가는 1975년보다 낮다.

이런 놀라운 경향을 무엇으로 설명할 수 있을까? 비록 만족을 얻을 기회가 과거 어느 때보다 많아졌다고는 하지만 우리의 압박감 역시 매우 강하다. 한 예를 들면, 세계적인 통신망 확대는 우리가 더욱더 광범위한 범위에서 물질적, 사회적으로 비교된다는 것을 의미한다. 우리는 지성, 매력, 또는 지위를 다투는 수십 명의 경쟁자와 조그만 지역에서 함께 살아갈 수 있을 정도로 사회적 지위에 대한 심리적인 측면에서는 진화해왔다. 오늘날 우리는 책, 잡지, TV를 통해 지구 인구 60억 명 중 가장 아름답고, 가장 재능이 뛰어나며, 가장 성공한 사람을 접하고 있다. 이것이 의미하는 것은, 우리가 무슨 일을 하고 있든 간에 우리보다 그 일을 더 잘하는 사람을 아주 많이 발견할 수 있다는 것이다. 이런 세상에서 사람들이 몸매, 소득, 경력에 대해 많은 걱정을 하는 것은 당연하다.

사회적 비교의 범위가 확대된 것은 우리의 욕망을 교묘하게 자극하는 물질적 재화를 얻을 가능성이 더 커졌다는 것과 관련된다. 1950년대에 생산성 증가를 추정해 2000년대에 이르면 우리의 노동시간은 주당 16시간으로 줄어들 것이라고 주장된 바 있다. 새로운 여가의 황금기가 도래할 것이라고 예측되었다. 그러나 실상은 다르다. 사람들의 생산 활동량은 엄청나게 증가했으며 과거만큼이나 열심히 일하고 있다. 여가의 시대를 예견했던 사회과학자들은 인간은 좋아하는 것보다는 원하는 것에 의해 동기가 부여된다는 것을 알지 못했다.

파트타임으로 일하며, 자신의 삶을 스스로 통제하고, 공동체에 가입하거나, 적극적인 여가활동을 하는 사람들은 그렇지 않은 사람들보다 행복하다. 그러나 많은 사람들은 이런 선택을 하지 못한다. 대신 지위심리positional psychology 때문에 사람들은 더욱 많은 물질적 재화를 모으는 데 열중한다. 그러나 모든 증거에 의하면, 그러한 재화는 사람들의 행복을 전혀 증진시키지 못한다. 다만 타인에게 지지 않으려는 욕구는 매우 강하다. 그리고 로버트 프랭크가 주장한 것처럼, 지위심리만 없으면 그로 인해 소비되는 막대한 돈은 옳은 일에 생산적으로 사용될 수 있다.

최근 수십 년간 진행된 우리의 사회적 행동양식의 변화는 개인적 소비와 관련된다. 이런 변화들은 미국의 사회학자 로버트 푸트남Robert Puttnam에 의해 철저히 조사되었다. 제2차 세계대전 후, 사람들의 지리적 이동성과 평균 통근거리가 큰 폭으로 증가했다. 그러는 동안, 자발적인 조직, 클럽 그리고 공동체 단체의 회원 수는 꾸준히 감소했다. 사람들이 집에서 어울리거나 지역사회에서 만나는 빈도가 줄었다. 요컨대 사람들은 일하는 데, 그리고 일하러 돌아다니는 데 더 많은 시간을 썼고, 집에서는 TV를 보는 데 더 많은 시간을 썼으며, 보이스카우트 활동이나 아마추어 작곡 같은 일을 하는 데는 더 적은 시간을 썼다. 푸트남은 공동체 활동이나 아마추어 작곡 같은 비공식적인 활동은 그가 말한 이른바 사회적 자본(공동체를 계속 번성시키는 비공식적인 상호부조와 정보교환 네트워크)을 창조하는 것이기 때문에 비공식적 활동이 감소한다는 것은 시민생활의 감소를 의미한다고 지적했다.

심리학적 관점에서 보면, 사회적 자본은 잠재적으로 스트레스와 소외를 방지하는 완충역할을 하기 때문에 사회적 자본의 감소는 당연히 우울증의 증가를 유발한다. 가장 중요한 것은, 높은 수준의 사회적 자본을 가진 공동체는 공동체 내 개인들의 자아가 복잡한 그런 공동체이다. 그 이유는 그 공동체 내의 한 개인이 지역 변호사이면서 동시에 동네 야구팀의 코치이고 친절한 이웃이며 크리스마스 파티에서 항상 노래를 부르는 사람이기도 하기 때문이다. 따라서 복합적인 자아를 가진 이들은 직장에 문제가 있어도 단순히 일만 하다 회사에서 몇 마일 떨어진 집으로 돌아와 TV만 보는 사람보다 잘 견딘다. 자아가 단순하면 자아를 둘러싼 관심영역도 좁다.

이에 관한 증거는 캘리포니아 대학교 LA캠퍼스가 신입생들의 가치에 대해 매년 실시하는 연간 서베이에서도 드러난다. 1966년에는 신입생의 거의 60%가 정치에 관심을 갖는 것이 필수적이거나 매우 중요한 일이라고 평가했다. 반면 1970년에는 30%의 신입생이 공동체 활동에 참여하는 것이 필수적이거나 매우 중요한 일이라고 느꼈다. 1995년에 와서는 30% 미만의 신입생이 정치에 관심을 갖는 일이 중요하다고 느꼈으며, 약 20%의 학생들만이 공동체 활동에 참여하는 것이 중요하다고 느끼고 있었다. 한편, 경제적으로 아주 잘사는 것이 필수적이거나 매우 중요하다고 느끼는 학생의 비율은 1966년 겨우 44%에서 1998년 75%로 상승했다. 우리는 이미 물질주의가 어떻게 불만을 낳는가를 살펴본 바 있다. 따라서 오늘날 젊은이들은 물질적 성공이라는 편협한 욕망에 어마어마한 압박을 받고 있는 것이다.

불행이 만성화될 위험이 현재에 특히 심각한 마지막 이유는 행복에 대한 우리의 기대치가 매우 높아졌기 때문이다. 나는 모든 문화가 행복의 개념을 갖고 있으며 행복을 바람직한 것으로 여기고 있다고 믿는다. 그런 의미에서 행복은 단순한 사회적 구조 이상의 것이다. 그러나 개인주의가 만연한 서구보다는 훨씬 가난한 사회나 보다 집단주의적인 성격을 가진 사회에서는 개인행동에 대한 구속이 있어 행복을 추구하는 초점이 다를 수도 있다. 들판이나 공장에서 일할 수밖에 없는 상황이라면, 2단계 행복을 얻기 위한 개인행동에는 제한이 있기 때문에 1단계 행복(기쁜 순간순간을 즐기는 것)이나, 3단계의 선(가능한 좋은 동료, 아버지, 이웃, 마을어른이 되는 것)에 초점을 맞출 수밖에 없을 것이다. 그런데 부가 증가하자 이제 생을 살아가는 방식이 거의 무한해졌으며, 수많은 직업과 좋아하는 일을 추구할 수 있게 되었다. 그런 자유가 생겼다는 것은 진보이긴 하지만 어딘가에 더 좋은 것이 있을 것이기 때문에 선택을 더 어렵게 하고, 완전한 행복이 저 너머에 있을 것이라는 기대감을 높인다.

이처럼 자립적인 문화self-help culture: 부의 증가로 인해 스스로 원하는 거의 모든 것을 추구할 수 있는 문화가 항상 좋은 것은 아니다. 왜냐하면 그런 문화는 모든 사람이 항상 축복과 만족을 얻을 수 있다는 비현실적인 기대를 높이기 때문이다. 자립적인 문화라고 선언하는 것은 사람들을 고쳐시킬 목적을 가진 것이지만, 그럼으로써 누군가 2단계 행복을 완전히 누리지 못한다면 그것은 그 사람 잘못이라는 메시지를 은연중에 전하는 것이다. 자립적인 문화를 선언하는 것은 모든 경로에는 부침이 있다는 것, 그리고 결정이란 것은 한 가지 혜택을 얻는 대신 다른 혜택은 포기하는 것을 의미한다는 사실에 대해 충분히 말해주고 있지 않다. 자아를 둘러싼 관심영역이 좁아졌기 때문에 개인적 경험에 있어서 자아가 가진 잠재력에 대한 기대가 높아졌다. 이것이 인간 발전에 있어서 진보를 나타내는 것일지라도 현실에 발을 두는 것이 중요하다.

이런 경향에 반대하는 문화가 상당히 발전하고 있다. 점점 더 많은 사람들이 치열한 경쟁에서 한발 물러나거나, 기능적 공동체를 추구하거나, 자발적 단순성을 추구하면서 소비자 중심주의를 피할 필요성을 느낀다. 여러 증거들은 파트타임으로 일하거나 자발적으로 공동체 활동에 참여하는 것이 개인적 행복의 견지에서 실제로 좋다는 것을 보여준다. 아직 사회가 그에 대한 준비가 잘되어 있는 것은 아니지만, 그런 것에 대한 요구가 증가할 것이라고 예측하는 것은 어려운 일이 아니다.

로버트 프랭크가 주장했던 것처럼, 일과 소비에 대한 우리의 지위심리는 엄연히 존재하기 때문에 만약 우리 모두가 동시에 한발씩 물러난다면 상대적 지위에서 아무도 잃는 사람이 없을 것이다. 물론 이렇게 되기는 어렵다. 그래서 당분간 이것은, 소수의 사람들만이 좋아하는 것을 누리며 사는 동안,

원하는 것에 이끌려 삶을 살고 있는 대부분의 사람들에겐 계속 문제가 될 것이다.

행복은 나비와 같다

이제 우리는 행복이 실제 유일한 또는 궁극적인 선은 아니라는 관념을 갖고 행복에 대한 간략한 탐구를 마칠 시점에 왔다. 물론 부정-긍정 간의 비대칭이 존재한다. 만약 여러분이 아주 불행하다면 뭔가를 해야 한다. 왜냐하면 강력한 부정적인 감정은 우리의 건강을 해치고 다른 일에 집중하는 것을 방해하기 때문이다. 그러나 여러분이 평균 이상 행복하지만 대부분의 시간 동안 아주 행복한 것은 아니라면, 그것은 좋은 것이라 할 수 있다. 개인적 감정에 사로잡힌 문화 속에서 이렇게 되기란 쉬운 일이 아니다. 그러나 역설적으로 관심을, 그러한 보다 넓은 주제로 돌리는 것은 본래 가치 있을 뿐 아니라 쾌락적 영역에서도 불만을 줄여주기 때문에 가치 있는 것이라 할 수 있다. 때때로 여러분의 감정에서 약간 벗어나

가치 있거나 도전적이거나 중요하다고 생각되는 일에 집중해 보려고 노력하는 것이 좋을 수도 있다. 인간 선에 관계된 일에 더 많이 관여할수록 여러분은 더 안정되며 인생은 더 다채로워질 수 있다.

행복에 관해 마지막으로 들려줄 말이 있다. 그 말대로 하면 여러분은 어느 날 행복이 소리 없이 이미 나에게 와 있다는 것을 문득 깨닫게 될 것이다. 너대니얼 호손 Nathaniel Hawthorne이 말한 것처럼.

행복은 나비와 같다. 잡으려 하면 항상 달아나지만, 조용히 앉아 있으면 스스로 너의 어깨에 내려와 앉는다.

더 읽을거리

행복론에 관한 연구서들은 읽기에 기술적으로 그리 어렵지 않다. 따라서 본 저서의 학문적 기초에 관해 더 깊이 알고자 하는 독자들은 참고문헌에 소개된 자료들을 보기 바란다. 가장 유용한 자료는 Daniel Kahneman, Ed Diener 그리고 Norbert Schwarz가 함께 펴낸 *Wellbeing: The Foundations of Hedonic Psychology*(New York: Russel Sage Foundation, 1999)이다. 이 책은 행복론 분야의 거의 모든 탁월한 연구자들의 글을 실은 매우 중요한 책이다. 좀 오래되었지만 구할 수는 있는 행복론 서적으로는 David Lykken의 *Happiness*(New York: Golden Books, 1999)와 Michael Argyle의 *The Psychology of Happiness*(London: Routledge, 1987)가 있다.

감정에 관해 좀더 알고 싶은 독자에게는 Dylan Evans의 *Emotion: The Science of Sentiment*(Oxford: Oxford University Press, 2001)가 도움이 될 것이다. 우울증과 감정적 장애에 대해서는 Peter Whybrow의 *A Mood Apart: A Thinker's Guide to Emotion and Its Disorders*(New York: Basic Books, 1997)가 훌륭하다. Robert Sapolsky는 *Why Zebras Don't Get Ulcers: An Updated Guide to Stress, Stress-related Diseases, and Coping*(New York: W.H. Freeman, 1998)에서 스트레스, 그리고 정신과 육체의 상호작용에 대한 연구를 정리했다. 정신건강과 고민에 관한 일반적인 내용 그리고 그 치료법에 관해선 Raj Persaud의 *Staying Sane: How to Make Your Mind Work for You*(Revised edition, London: Bantam Books, 2001)가 매우 훌륭하다. 우울증을 극복하기 위한 보다 실용적인 조언에 관해서는 Paul Gilbert의 *Overcoming Depression*(Revised edition, London: Constable and Robinson, 2000)을 보라.

Matin Seligman의 *Authentic Happiness*(New York: The Free Press, 2002)는 긍정심리학의 기념비적인 저작이다. 미하이 칙센트미하이의 *Flow: The Psychology of Optimal Experience*(New York: Harper and Row, 1990)와 *Living Well: The Psychology of Everyday Life*(New York: Basic Books, 1997)는 경험의 질과 좋은 삶에 관한 훌륭한 저작이다. 행복 추구의 역설과 긴장에 관한 훌륭한 저작으로는 Ziyad Marar의 *The Happiness Paradox*(London: Reaktion Books, 2003)가 있다. Alain de Botton은 *The Consolations of Philosophy*(London: Hamish Hamilton,

2000)와 *Status Anxiety*(London: Hamish Hamilton, 2004)에서 행복, 위안, 그리고 좋은 삶에 대해 보다 철학적인 탐구를 하고 있다. 우리가 우리의 목적이 아니라 진화의 목적에 충실한 비교적 자동적인 일련의 심리적 메커니즘과 이러한 내부적인 충동을 완화하기 위해 사용할 수 있는 비교적 유연하고 합리적인 인식과정을 물려받았다는 논지를 훌륭하게 발전시킨 연구로는 Keith Stanovich의 *The Robot's Rebellion: Finding Meaning in the Age of Darwin*(Chicago: University of Chicago Press, 2004)이 있다.

인간의 행복에 관한 훌륭한 연구는 심리학 밖에서도 많이 이루어졌다. 경제학에서는 Robert Frank의 *Luxury Fever: Why Money Fails to Satisfy in an Era of Excess*(New York: The Free Press, 1999)가 있고, 진화생물학에서는 Terry Burnham과 Jay Phelan의 *Mean Genes: Can We Tame Our Primal Instincts?*(London: Simon and Schuster, 2000)가 있다. Robert Puttnam의 *Bowling Alone: The Collapse and Revival of American Community*(New York: Simon and Schuster, 2000)는 사회적 자본의 감소와 혜택에 관한 선구자적인 연구이다.

주

빵과 서커스

27   고통에 관한 쇼펜하우어의 논의는 Schopenhauer(1851/1970) 참고.

28   '빵과 서커스'에 관한 유베날리스의 논의는 Ramsay(1918) 참고.

29   각 인용문의 저자는 다음과 같다: 1-프로이트, 2-사르트르, 3-니체, 4-
        비트겐슈타인, 5-쇼펜하우어, 6-라킨

30   NCDS 데이터는 http://www.data-archive.ac.uk에서 찾아볼 수 있다.
        NCDS 조사에 대한 정보는 http://www.cls.ioe.ac.uk/Cohort/Ncds/
        mainncds.htm에서 찾아볼 수 있다.

31.1   대부분의 사람들이 행복해한다는 논의는 Diener and Diener(1996) 참고.

31.2   전국적인 횡단연구에 대해서는 Diener and Suh(1999) 참고.

32   〈도표 1〉은 Diener and Suh(1999)의 데이터에 따름.

35   제프리 밀러의 논의는 Miller(2000) 참고.

36.1   애덤 스미스의 말은 Smith(1759)에서 인용.

36.2   우편조사보다 면접조사에서 더 높은 행복수준을 보인다는 논의는 Smith
        (1979) 참고. 이성 면접관이 면접할 경우에 관한 연구는 Strack, Schwarz,
        Kern and Wagner(1990) 참고.

36.3   사람들이 자신을 평균 이상으로 평가한다는 논의에 대해선 Alicke(1985),
        Svenson(1981), Weinstein(1980) 참고.

37   불확실성에 대한 대응으로 자기고양의 태도가 나온다는 논의는 Taylor and
        Brown(1988), Nettle(2004a) 참고.

44   마거릿 미드와 사모아 섬에 관한 연구는 Mead(1929), Freeman(1983) 참고.

안락함과 기쁨

54   윌리엄 제임스의 심리학에 대해선 James(1890) 참고.

56   에크만의 감정연구는 Ekman(1992) 참고. 현대의 감정학에 관한 소개는
        Evans(2001) 참고.

59   진화심리학에 관해서는 Barkow, Cosmides and Tooby(1992)와

Buss(1999) 참고.

60 공포프로그램과 포식동물을 피해야 할 필요성에 대해선 Cosmides and Tooby(1987) 참고.

63.1 행복론에 대한 중요한 저서들에 대해선 행복에 대한 세계적인 데이터베이스인 http://www.eur.nl/fsw/research/happiness 참고.

63.2 *The Journal of Happiness Studies*는 http://www.kluweronline.com /issn/1389-4978에서 찾아볼 수 있다.

65 1, 2, 3단계 행복이란 용어는 이 책에 국한된 것이지만, 이러한 행복의 의미들은 각각 다른 이름으로 불리기도 했다. 2단계 행복은 주관적 웰빙subjective well-being, 또는 hedonics란 제목으로 자주 연구된다. 3단계 행복은 심리적 웰빙psychological well-being으로 자주 묘사되면서 'eudaimonics'와 같은 제목으로 연구되었다. 2단계 행복에서 만족은 감정과 자주 구별된다! 행복의 각기 다른 의미와 그 개념에 대한 논의는 Kraut(1979), Ryff(1989), Kahneman, Walker and Sarin(1997), Kahneman(1999), Ryan and Deci(2001) 참고.

68 주관적 행복subjective happiness과 다른 개념으로서 eudaimonia에 대해선 Kraut(1979)와 Ryff(1989) 참고.

70 벤담과 고전경제학에 대해선 Bentham(1789) 참고.

73 심리적 웰빙에 대한 캐롤 리프의 연구에 대해선 Ryff(1989), Ryff and Keyes(1995), Keyes, Shmotkin and Ryff(2002) 참고. Ryff and Keyes(1995) p. 725에서 인용.

74 긍정심리학에 대해선 Seligman(2002) 참고.

75 플로우에 대해선 Csikszentmihalyi(1990) 참고.

76 자기목적적 개성에 대해선 Csikszentmihalyi(1997) p. 114에서부터 인용.

77.1 음악가, 작가, 화가에 관한 연구는 Jamison(1989), Post(1994), Ludwig(1995), Nettle(2001) 참고.

77.2 매우 행복한 사람에 대해선 Diener and Seligman(2002) 참고.

77.3 "플로우로 충만한 삶이 더 가치 있는 삶이다"란 표현은 Csikszentmihalyi(1997) p. 113.

79 행복에 관한 셀리그만의 정의는 Seligman(2002) p. 261.

80 리프, 셀리그만, 칙센트미하이가 확실히 지적한 것으로, 나는 그런 지적을 단순화했지만 여기에는 자세히 논의할 수 없는 보다 철학적인 문제가 있다. 행복과 다르지만 그럼에도 불구하고 추구할 가치가 있는 많은 인간 선이 있다면, 그런 인간 선을 가치 있게 하는 것은 무엇인가? 이런 의문에 대해 그런 인간 선이(우리의 또는 다른 사람의) 행복을 증진시키기 때문에 가치 있는 것이라고 바로 답할지도 모른다. 그러면 인간 선은 결국 행복으로 환원되고 만다. 여기서 문제가 되는 것은 행복은 그 자체로 자기정당성을 갖지만, 정의, 아름다움, 목적, 그리고 공동체 같은 중요한 다른 선은 행복을 가져다준다고 호소함으로써만 정당화된다는 것이다. 이런 역설을 해결하는 방법은, 미래의 행복이나 간접적인 행복과 관련될 수는 있지만 직접적인 행복과는 다른 선이 있다고 인정하는 것이다.

81 칙센트미하이는 1997년 저작의 제목을 《잘사는 법Living Well》이라고 붙였는데, 이 제목이 '진정한 행복'Authentic Happiness보다 긍정심리학에 더 적합한 말로 보인다.

84 기쁨의 원천에 관해서는 Scherer, Summerfield and Wallbott(1983)와 Argyle(1987)의 7장 참고.

86 복사기의 10센트 실험에 관해선 Schwarz and Strack(1999) 참고.

87.1 상황맥락이 행복의 판단에 미치는 영향에 관해선 Schwarz and Strack (1999) 참고.

87.2 날씨와 삶의 만족도에 관한 연구는 Schwarz and Clore(1983) 참고.

88 쾌감과 고통의 균형상태로서의 행복에 관한 견해는 존 스튜어트 밀에게로 소급된다. Parducci(1995) 참고.

89.1 긍정적인 감정과 부정적인 감정의 독립성에 관해선 Diener and Emmons (1985) 참고.

89.2 어떤 사람들은 다른 사람들보다 감정의 부침이 더 심하다는 논의에 대해서는 Larsen and Diener(1987) 참고.

89.3 인생사에 대한 기억이 삶의 만족도에 영향을 미친다는 논의에 대해서는 Strack, Schwarz and Gschniedinger(1985) 참고.

90 모델사진과 배우자 만족도에 관한 연구는 Kenrick, Gutierres and Goldberg(1989) 참고.

91.1   올림픽 동메달리스트와 은메달리스트에 관한 연구는 Medvec, Madey and Gilovich(1985) 참고.

91.2   멩켄의 말은 Frank(1999)에서 인용.

92   인생사가 행복에 미치는 영향을 과대평가한다는 논의에 대해서는 Loewenstein and Schkade(1999) 참고.

93   복권 당첨자에 관한 연구에 대해서는 Brickman, Coates and Janoff-Bulman(1978) 참고.

94   머그잔과 기득효과에 관한 연구는 Kahneman, Knetsch and Thaler(1991) 참고.

95   차가운 물에 손 담그기에 관한 연구는 Kahneman, Frederickson, Schreiber and Redelmeier(1993) 참고.

97   주관적인 행복과 객관적인 행복, 그리고 '극치점-끝 법칙'에 관해서는 Kahneman(1999) 참고.

사랑과 일

103.1   '사랑과 일이 행복의 기초'라는 이 유명한 말의 기원은 모호하다. 에릭 에릭센Erik Eriksen은 이 말을 프로이트가 했다고 했으나, 프로이트의 저작에선 그런 문구가 발견되지 않고 있다. http://www.freud.org.uk/fmfaq.htm 참고.

103.2   "히스테리에 시달리는 고통에서 평범한 불행으로 전환하는 것"이라는 내용은 Freud and Breuer(1894/2004) 참고.

103.3   대머리에게 헤어스타일에 대한 조언을 구하는 것이란 속담은 실제 아프리카 하우사족의 속담이다. 하우사족의 말로 하면 'A tambaya mai kundumi labarin kitso'이다.

104   사람들이 자체평가한 행복의 일관성과 타당성에 대해선 Diener(1994), Diener, Diener and Diener(1995), Sandvik, Diener and Siedlitz(1993) 참고.

105   수녀들을 대상으로 한 긍정적인 감정과 장수에 대한 연구는 Danner,

Snowden and Friesen(2001) 참고.

108 여성의 보다 큰 감정표현에 대해서는 Nolen-Hoeksma and Rusting(1999) 참고.

111.1 실직자들의 낮은 삶의 만족도에 대해선 Tiggeman and Winefield(1984) 참고.

111.2 소득이 증가해도 행복은 증가하지 않는다는 논의에 대해선 Myers and Diener(1996) 참고.

113 삶의 만족도에 있어서 절대적인 부보다 상대적인 부가 갖는 중요성에 대해선 Frank(1999) 참고.

114 영국 공무원에 대한 연구는 Bosma *et al.*(1997), Marmot *et al.*(1997), Marmot(2003) 참고.

115 적응에 관한 개념은 Brickman and Campbell(1971), Brickman, Coates and Janoff—Bulman(1978) 참고.

116 '쾌락 쳇바퀴'에 대한 이스터린의 연구에 대해서는 Easterlin(2003) 참고.

118 국가 간 행복의 차이에 대한 설명은 Diener and Suh(1999) 참고.

119 결혼과 삶의 만족도에 관한 논의는 Haring-Hidore, Stock, Okun and Witter(1985) 참고.

122 개성요인이 결혼과 이혼의 패턴에 영향을 미친다는 논의는 Kelly and Conley(1987), Nettle(in press) 참고.

123 결혼과 삶의 만족도에 대한 독일의 연구는 Lucas, Clark, Georgellis and Diener(2003) 참고.

125 장애와 건강문제가 행복에 영향을 미친다는 논의는 Brickman, Coates and Janoff-Bulman(1978), Schulz and Dekker(1995) 참고.

126.1 소음에 대한 부적응에 관해선 Weinstein(1982) 참고.

126.2 성형수술과 만족에 관해선 Klassen, Jenkinson, Fitzpatrick and Goodacre(1996) 참고.

127 우리가 되돌아가는 정해진 행복수준이 있다는 논의는 Lykken and Tellegen (1996) 참고.

128 위치재와 비위치재에 관한 프랭크의 논의는 Frank(1999) 참고.

근심맨과 열정맨

137.1 행복의 일시적 안정에 관한 연구는 Diener and Larsen(1984), Costa, McCrae and Zonderman(1987), Diener *et al*.(1993) 참고.

137.2 상황과 관계없이 어떤 사람들은 더 많은 즐거움을 얻는다는 논의는 Diener and Larsen(1984) 참고.

139 일란성 쌍둥이의 행복에 관한 연구는 Tellegen and Lykken(1996) 참고.

143 외향적인 사람의 버릇에 관해선 Furnham and Heaven(1999) 참고. 외향적인 사람들의 섹스행태에 대해선 Nettle(in Press) 참고.

145 외향적인 사람들이 보상을 중요시한다는 설명에 대해선 Depue and Collins(1999) 참고.

148.1 온라인 심리학 실험실은 http://www.psychresearch.org.uk이다. 사이트를 방문해 미래의 연구에 참여하기 바란다.

148.2 신경과민증은 행복과 반비례한다는 논의는 Costa and McCrae(1980), Hayes and Joseph(2003) 참고.

149 신경과민증이 창조성과 성취와 관계있다는 논의는 Jamison(1989), Feist(1999), Nettle(2001), Nowakowska *et al.*(in press) 참고.

151 외향성과 행복은 긍정적인 상관관계가 있다는 논의는 Costa and McCrae (1980), Hayes and Joseph(2003) 참고.

152.1 매우 행복한 사람들의 개성에 관한 연구는 Diener and Seligman(2002) 참고.

152.2 외향성의 문제점에 관한 논의는 Nettle(in press), Joinson and Nettle (submitted) 참고.

153 외향성과 신경과민 외의 개성에 대해선 Hayes and Joseph(2003) 참고.

155 개성과 인생사에 관한 호주의 연구는 Headey and Wearing(1983).

157 개성과 인생사에 관한 또 다른 연구는 Magnus *et al*.(1993) 참고.

160 〈도표 10〉은 여러 자료를 약간 다른 통계학과 방법론을 사용해 편집해 만든 것이다. 따라서 수치는 단지 추정한 것이다. 가장 중요한 것은, 샘플의 다양성은 다른 사례에선 서로 다르기 때문에 행복에 미치는 영향은 요인에 따라 달라질 것이란 점이다. 사회적 계층은 소득이 아니라 직업여건의 측면에 따른 직업의 분류에 기초하고 있기 때문에 소득과 일치하는 것은 아니다. 여기서

사용된 자료는 다음과 같다. 성별에 관한 자료—Haring, Stock and Okun(1984) / 연령에 관한 자료—Argyle(1999) / 사회계층과 소득에 관한 자료—Haring, Stock and Okun(1984) / 결혼상태에 관한 자료—NCDS 자료 / 신경과민증과 외향성에 관한 자료—Costa and McCrae(1980), Hills and Argyle(2001), Nettle(온라인 조사를 통해 얻은 미출판된 자료) / 다른 개성요인에 관한 자료—Nettle(온라인조사를 통해 얻은 미출판된 자료), Hayes and Joseph(2003).

162   라이켄과 텔레겐의 인용문은 Lykken and Tellegen(1996) p. 189.

165   2단계 행복보다 더욱 광범위한 선을 추구하는 것에 관해선 Seligman(2002) 참고.

원하는 것과 좋아하는 것

170.1   프로작과 매우 기분 좋은 효과에 대해선 Kramer(1993) 참고.

170.2   SSRI가 사람들의 긍정적인 감성을 증대시킨다는 논의는 Knutson et al.(1998) 참고.

171   SSRI 처방 수준과 경향에 대해선 McManus et al.(2000) 참고.

172   d-펜플루라민의 효과에 대한 중요한 연구는 Meyer et al.(2003) 참고.

173   '세로토닌 수치가 낮은 사회를 치료하기' 란 부제를 단 저작은 James(1998).

174.1   코카인 중독자의 뇌 활동에 관해선 Grant et al.(1996) 참고.

174.2   우울한 감정에 과민반응을 보이는 편도에 관해선 Kennedy, Javanmard and Vaccarino(1997) 참고.

175.1   인간의 경우 편도 손상으로 인해 나타나는 결과에 대해선 Adolphs, Tranel, Damasio and Damasio(1995) 참고.

175.2   원숭이의 편도 및 측좌핵의 활동과 보상에 대한 기대에 관해선 Schulz, Dayan and Montague(1997), Hoebel et al.(1999) 참고.

177.1   여성의 얼굴을 보는 남성의 뇌 활동에 대해선 Aharon et al.(2001) 참고.

177.2   뇌자극 보상에 대해선 Shizgal(1999) 참고.

179.1   뇌 자기자극에 관해선 Gershon, Darnon and Grunhaus(2003) 참고.

179.2 도파민을 주입받기 위한 쥐의 움직임에 대해선 Hoebel *et al.*(1983) 참고.

180 쥐의 경우에 원하는 것과 좋아하는 것이 분리될 수 있다는 논의는 Berridge and Valenstein(1991), Berridge(1999) 참고.

182.1 아편이 쥐의 음식쾌감을 증진시킨다는 논의는 Preciña and Berridge(1995) 참고.

182.2 아편이 인간의 음식쾌감에 영향을 미친다는 논의는 Drewnowski *et al.*(1995) 참고.

183 헤로인 중독자에 관한 연구는 Lamb *et al.*(1991) 참고.

186 우울증과 자포자기 상태에서의 낮은 세로토닌 활동에 관해선 Meyer *et al.*(2003) 참고. 폭력적인 남성의 낮은 세로토닌 활동에 관해선 Moffitt *et al.*(1998) 참고.

187.1 세로토닌에 영향을 미치는 약물이 협동과 사회성을 증진시킨다는 논의는 Tse and Bond(2002), Knutson *et al.*(1998) 참고.

187.2 스트레스 호르몬과 세로토닌이 원숭이 무리의 서열과 관계있다는 논의는 Raleigh *et al.*(1984, 1991), Sapolsky(1998) 참고. 다소 혼란스럽게도 미국의 그린 아놀 도마뱀의 경우 SSRI를 투약한 결과 오히려 서열이 낮아지는 정반대 결과가 나왔다[Larson and Summers(2001) 참고. 추측건대, 도마뱀의 경우 호전성으로 지위가 유지되는 반면, 영장류는 관계에 의해 지위가 유지되기 때문인 듯하다. SSRI의 투약으로 호전성은 감소하고 관계는 촉진된다.

188.1 스트레스시스템에 관해선 Sapolsky(1998) 참고.

188.2 불안한 신입사원에 관한 연구는 Kramer(1994) 참고.

189 우울증의 성격과 기능에 관한 논의는 Nesse(2000), Watson and Andrews (2003), Nettle(2004b) 참고.

190 MDMA와 엑스터시의 역사에 관해선 Rosenbaum(2002) 참고. 엑스터시의 부작용에 대해선 McCardle *et al.*(2004), Curran *et al.*(2004) 참고.

193.1 즐거울 때, 슬플 때, 우울할 때의 뇌 활동에 관한 연구는 Davidson *et al.* (1990), Lévesque *et al.*(2003), Pizzagalli *et al.*(2002) 참고.

193.2 영화에 대한 감정반응과 두뇌활동의 불균형에 관해선 Wheeler, Davidson and Tomarken(1993) 참고.

194 로젠크란츠의 두뇌활동과 면역반응에 관한 연구는 Rosenkrantz *et al.*

(2003).

195   스트레스시스템과 그것의 병리학적 관계에 대해서는 Sapolsky(1998) 참고.

196   아동들의 감정 스타일과 뇌 활동의 불균형에 관해선 Davidson and Fox(1989) 참고.

197   유전자와 개성에 관해선 Lesch *et al.*(1996), Ebstein *et al.*(1996), Munafo *et al.*(2003) 참고.

만병통치약과 플라시보 효과

204   자기수양서 책 제목들은 Norcross(2000) 참고.

207   자기수양서의 효과에 대해선 McKendree-Smith, Floyd and Scogin(2003) 참고. 행복훈련 프로그램에 대해선 Fordyce(1977, 1983), Fava and Ruini(2003) 참고.

212   인식-행동치료법에 대해선 Beck(1967) 참고.

213   자연선택은 우리의 행복 같은 것에는 조금도 개의치 않는다는 논의는 Nesse (1999) p. 433.

214.1 인식-행동치료법의 효과에 대해선 Miller and Berman(1983) 참고.

214.2 인식-행동치료법이 뇌 활동에 영향을 미친다는 논의에 대해선 Goldapple *et al.*(2004) 참고.

215   즐거운 활동 훈련에 대해선 Fordyce(1977, 1983), Turner, Ward and Turner(1979) 참고.

218.1 경제적 성공이 중요하다고 믿으면 믿을수록 만족감은 적어진다는 논의는 Nickerson *et al.*(2003) 참고.

218.2 인생사가 행복에 미치는 영향을 과대평가한다는 논의는 Loewenstein and Schkade(1999) 참고.

219   부정적인 감정시스템은 과잉반응하기 마련이라는 논의는 Nesse(2001) 참고.

220   존 스튜어트 밀과 쾌락주의의 역설에 관해서는 Mill(1909) 참고.

222.1 신앙, 건강, 행복에 관한 논의는 Myers(2000), Powell, Shahabi and Thoresen(2003), Seeman, Dublin and Seeman(2003) 참고.

222.2   자기이미지에 대한 린빌의 연구는 Linville(1985, 1987) 참고.

223.1   자원봉사와 공동체 조직이 행복에 미치는 영향에 대해서는 Puttnam(2000) 참고.

223.2   명상의 효과에 대해서는 Leung and Singhal(2004), Davidson *et al.*(2003) 참고.

224.1   정념ー인식치료법에 대해선 Segal, Williams and Teasdale(2001) 참고.

224.2   글쓰기의 효과에 대해선 Pennebaker(1997), Burton and King(2004) 참고.

225   윌리엄 제임스의 인용문은 James(1890), De Botton(2004) p. 56에서 인용.

227   존 키츠의 말은 레이놀즈J. H. Reynolds에게 보낸 편지에서 인용.

진정한 삶을 위한 행복 설계

231   아서 밀러의 말은 Marar(2003) p. 173에서 인용.

245   로버트 노직의 말은 Nozik(1974)에서 인용.

246   비트겐슈타인의 삶에 대해선 Monk(1990) 참고.

251.1   우울증 증가율에 관해선 Klerman *et al.*(1985), Murphy(1986), Lewis *et al.*(1993) 참고.

251.2   미국에서 건강에 대한 자체평가가 평가가 낮아지고 있다는 논의에 대해선 Puttnam(2000) p. 332 참고.

259   너대니얼 호손의 말은 Marar(2003) p. 28에서 인용.

Adolphs, R., Tranel, D., Damasio, H. and Damasio, A.R.(1995). Fear and the human amygdala. *journal of Neuroscience*, **15**, 5879−91.

Aharon, I. et al. (2001). Beautiful faces have variable reward value: fMRI and behavioural evidence. *Neuron*, **32**, 537−51.

Alicke, M.D. (1985). Global self-evaluation as defined by the desirability and controllability of trait adjective. *Journal of Personality and Social Psychology*, **49**, 1621−30.

Argyle, M. (1987). *The psychology of happiness.* Routledge, London.

Argyle, M. (1999). Causes and correlates of happiness. In Kahneman, Diener and Schwarz (1999), pp. 354−73.

Barkow, J. Cosmides, L. and Tooby, J. (eds). (1992). *The adapted mind: Evolutionary psychology and the generation of culture.* Oxford University Press, New York.

Beck, A. T. (1976). *Cognitive therapy and the emotional disorders.* International Universities Press, New York.

Bentham, J. (1789). *An enquiry into the principle of morals and legislation.* London.

Berridge, K. (1999). Pleasure, pain, desire and dread: Hidden core processes of emotion. In Kahneman, Diener and Schwarz(1999), pp. 525−57

Berridge, K. and Valenstein, E.S. (1991). What psychological process mediates feeding evoked by electrial stimulation of the lateral hypothalamus? *Behavioral Neuroscience*, **103**, 36−45.

Bosma, H. et al. (1997). Low job control and risk of coronary heart disease in the Whitehall 11 (prospective cohort) study. *British Medical Journal*, 314, 558−65.

Brickman, P. and Campell, D.T. (1971). Hedonic relativism and planning the good society. In M.H. Appley (ed.), *Adaptation level theory*, pp. 297−305. Academic Press, New York.

Brickman, P., Coates, D. and Janoff-Bulman, R. (1978). Lottery winners and accident victims: Is happiness relative? *Journal of Personality and*

Social Psychology, **36**, 917—27.

Burton, C.M. and King, L.A. (2004). Health benefits of writing about intensely positive experiences. Journal of Research in Personality, **38**, 150—63

Buss, D. (1999). Evolutionary psychology. Allyn & Bacon, London.

Cosmides, L. and Tooby, J. (1987). From evolution to behaviour: Evolutionary psychology as the missing link. In J. Dupre (ed.), The latest on the best : Essays on evolution and optimality. MIT Press, Cambridge, MA.

Costa, P.T. and McRae, R.R. (1980). Influence of extraversion and neuroticism on subjective well-being: Happy and unhappy people. Journal of Personality and Social Psychology, **38**, 668—78.

Costa, P.T. and McRae, R.R. and Zonderman, A. (1987). Environmental and dispositional influences on well-being: Longitudinal follow-up of an American nationl sample. British Journal of Psychology, **78**, 299—306.

Csikszentmihalyi, M. (1990). Flow: The psychology of optimal experience. Harper and Row, New York.

Csikszentmihalyi, M. (1997). Living well: The psychology of everyday life. Weidenfeld and Nicholson, London.

Curran, H., Rees, H., Hoare, T., Hoshi, R. and Bond, A. (2004). Empathy and aggresssion: two faces of ecstasy? A study of interpretative cognitive bias and mood change in ecstasy users. Psychopharmacology, **173**, 425—33.

Dalai Lama, and Cutler, H. (1998). The art of happiness. Hodder & Stoughton, London.

Danner, D., Snowdon, D. and Friesen, W. (2001). Positive emotions in early life and longevity: Findings from the Nun study. Journal of Personality and Social Psychology, **80**, 804—13.

Davidson, R.J. and Fox, N.A. (1989). Frontal brain asymmetry predicts infants' response to maternal separation. Journal of Abnormal

Psychology, **98**, 127−31.

Davidson, R.J. et al. (1990). Approach-withdrawal and cerebral asymmetry: I. Emotional expression and brain physiology. *Journal of Personality and Social Psychology*, **58**, 330−41.

Davidson, R.J. et al. (2003). Alterations in brain and immune function produced by mindfulness meditation. *Psychosomatic Medicine*, **65**, 564−70.

De Botton, A. (2004). *Status anxiety*. Penguin, London.

Depue, R.A. and Collins, P.F. (1999). Neurobiology of the structure of personality: Dopamine, facilitation of incentive motivation, and extraversion. *Behavioral and Brain Sciences*, **22**, 491−520.

Diener, E. (1994). Assessing subjective well−being: Progress and opportunities. *Social Indicators Research*, **31**, 103−57.

Diener, E. and Diener, C. (1996). Most people are happy. *Psychological Science*, **7**, 181−5.

Diener, E., Diener, M. and Diener, C. (1995). Factors predicting the subjective well−being of nations. *Journal of Personality and Social Psychology*, **69**, 851−64.

Diener, E. and Emmons, R.A. (1985). The independence of positive and negative affect. *Journal of Personality and Social Psychology*, **50**, 1031−8.

Diener, E. and Larsen, R.J.(1984). Temporal stability and cross-situational consistency of affective, behavioral and cognitive responses. *Journal of Personality and Social Psychology*, **66**, 1128−39.

Diener, E., Sandvik, E., Pavot, W. and Diener, M. (1993). The relationship between income and subjective well-being: Relative or absolute? *Social Indicators Research*, **28**, 195−213.

Diener, E. and Seligman, M.E.P.(2002). Very happy people. *Psychological Science*, **13**, 81−4.

Diener, E. and Sub, E.M. (1999). National differences in subjective well-being. In Kahneman, Diener and Schwarz (1999), pp. 434−52.

Drenowski, A. et al. (1995). Naloxone, an opiate blocker, reduces the consumption of sweet high-fat foods in obese and lean female binge eaters. *American Journal of Clinical Nutrition*, **61**, 1206−2.

Easterlin, R.A. (2003). Explaining happiness. *Proceedings of the National Academy of Sciences*, **100**, 11176−83.

Ebstein, R. et al. (1996). Dopamine D4 receptor Exon III polymorphism associated with the human personality trait of sensation-seeking. *Nature Genetics*, **12**, 78−80.

Ekman, P. (1992). An argument for basic emotions. *Cognition and Emotion*, **6**, 169−200.

Evans, D. (2001). *Emotion*. Oxford University Press, Oxford.

Fava, G. and Ruini, C. (2003). Development and characteristics of a well-being enhancing psychotherapeutic strategy: well-being therapy. *Journal of Behavior Therapy and Experimental Psychiatry*, **34**, 45−63.

Feist, G.J. (1999). The influence of personality on artistic and scientific creativity. In R.J. Sternberg (ed.), *Handbook of creativity*, pp. 273−95. Cambridge University Press, Cambridge.

Fordyce, M.W. (1977). Development of a program to increase personal happiness. *Journal of Counseling Psychology*, **24**, 511−21.

Fordyce, M.W. (1983). A program to increase happiness: Further studies. *Journal of Counseling Psychology*, **30**, 483−98.

Frank, R.H. (1999). *Luxury fever: Why money fails to satisfy in an era of excess*. The Free Press, New York.

Freeman, D. (1983). *Margaret Mead and Samoa: The making and unmaking of an anthropological myth*. Harvard University Press, Cambridge, MA.

Freud, S. and Breuer, J, (1994/2004). Studies in hysteria. Penguin Modern Classics, London.

Furnham, A. and Heaven, P. (1999). *Personality and social behaviour*. Arnold, London.

Gershon, A.A., Darnon, P.N. and Grunhaus, L. (2003). Trans-cranial magnetic stimulation in the treatment of depression. *American Journal of Psychiatry*, **160**, 835–45.

Goldapple, K. et al. (2004). Modulation of cortical-limbic pathways in major depression–treatment-specific effects of cognitive behavior therapy. *Archives of General Psychiatry*, **61**, 34–41.

Grant, S. et al. (1996). Activation of memory circuits during cue-elicited cocaine craving. *Proceedings of the National Academy of Sciences of the USA*, **93**, 12040–5.

Haring, M., Stock, W.A. and Okun, M.A. (1984). A research synthesis of gender and social class as correlates of subjective well-being. *Human Relations*, **37**, 645–57.

Haring–Hidore, M., Stock, W. A., Okum, M. A. and Witter, R. A. (1985). Marital status and subjective well-being: A research synthesis. *Journal of Marriage and the Family*, **47**, 947–53.

Hayes, N. and Joseph, S. (2003). Big five correlates of three measures of subjective well-being. *Personality and individual Differences*, **34**, 723–7.

Headey, B. and Wearing, A. (1989). Personality, life events and subjective well-being: Toward a dynamic equilibrium model. *Journal of Personality and Social Psychology*, **57**, 731–9.

Heidenreich, T. and Michalak, J. (2003). Mindfulness as a treatment principle in behavior therapy. *Verhaltenstherapie*, **13**, 264–74.

Hills, P. and Argyle, M. (2001). Emotional stability as a major dimension of happiness. *Personality and Individual Differences*, **31**, 1357–64.

Hoebel, B.G., et al. (1983). Self-administration of dopamine directly into the brain. *Psychopharmacology*, **81**, 158–63.

Hoebel, B.G., Rada, P.V., Mark, G.P.and Pothos, E.N. (1999). Neural systems

for reinforcement and inhibition of behavior Relevance to eating,
addiction and depression. In Kahneman, Diener and Schwarz (1999),
pp. 558—72.

James, O. (1998). *Britain on the couch: Treating a low serotonin society.*
Arrow, London.

James, W. (1890). *Principles of psychology.* Henry Holt, New York.

Jamison, K.R. (1989). Mood disorders and patterns of creativity in British
writers and artists. *Psychiatry,* **32,** 125—34.

Joinson, C. and Nettle D. (submitted). Sensation seeking in evolutionary
context: Behaviour and life outcomes in a contemporary population.
Journal of personality.

Kahneman, D. (1999). Objective happiness. In Kahneman, Diener and
Schwarz (1999), pp. 3—25.

Kahneman, D., Diener, E. and N. Schwarz (eds). (1999). *Well-being:
Foundations of hedonic psychology.* Russell Sage Foundation, New
York.

Kahneman, D., Frederickson, B.L., Schreiber, C.A. and Redelmeier, D.A.
(1993). When more pain is preferred to less: Adding a better end.
Psychological Science, **4,** 401—5.

Kahneman, D., Knetsch, J.L. and Thaler, R.H. (1991). The endowment effect,
loss aversion, and the status quo. *Journal of Economic Perspectives,*
5, 193—206.

Kahneman, D., Wakker, P. and Sarin, R. (1997). Back to Bentham?
Exploration of experienced utility. *Quarterly Journal of Economics,*
112, 375—405.

Kennedy, M.F., Javanmard, M. and Vaccarino, F.J. (1997). A review of
functional neuroimaging in mood disorders: Positron Emission
Tomography and depression. *Canadian Journal of Psychiatry,* **42,**
467—75.

Kenrick, D.T., Gutierres, S.E and Golberg, L.L. (1989) Influence of popular erotica on judgements of strangers and mates. *Journal of Experimental Social Psychology*, **25**, 159—67.

Klassen, A., Jenkinson, C., Fitzpatrick, R. and Goodacre, T. (1996). Patients' health-related quality of life before and after aesthetic surgery. *British Journal of Plastic Surgery*, **49**, 433—8.

Klerman, G.L. et al. (1985). Birth-cohort trends in rates of major depressive disorder among relatives of patients with affective disorder. *Archives of General Psychiatry*, **32**, 689—95.

Knutson, B et al. (1998). Selective alteration of personality and social behaviour by serotonergic intervention. *American Journal of Psychiatry*, **15**, 373—9.

Kramer, P. (1993). *Listening to Prozac*. Viking Penguin, New York.

Kramer, R.M.(1994). The sinister attribution error: Paranoid cognition and collective distrust in organization. *Motivation and Emotion*, **18**, 199—230.

Kraut, R. (1979). Two conceptions of happiness. *Philosophical Review*, **88**, 167—97.

Lamb, R.J. et al. (1991). the reinforcing and subjective effects of morphine in post-addicts: A dose-response study. *Journal of pharmacology and Experimental Therapies*, **259**, 1165—73.

Larsen, R.J. and Diener, E. (1987). Affect intensity as an individual difference characteristic: A review. *Journal of Research in Personality*, **21**, 1—39

Larson, E.T. and Summers, C.H. (2001). Serotonin reverses dominant social status. *Behavioural Brain Research*, **121**, 95—102.

Lesch, K-P al. (1996). Association of anxiety-related traits with a polymorphism in the serotonin transporter gene regulatory region. *Science,* **274**, 1527—31.

Leung, Y. and Singhal, A. (2004). An examination of the relationship between Qigong relationship and personality. *Social Behavior and Personality*, **32**, 313—20.

Lévesque, J. et al. (2003). Neural correlates of feeling sad in healthy girls. *Neuroscience*, **121**, 545−51.

Lewis, G. et al. (1993). Another British disease? A recent increase in the prevalence of psychiatric morbidity. *Journal of Epidemiology and Community Health*, **47**, 358−61.

Linville, P.W. (1985). Self-complexity and affective extremity: Don' t put all your eggs in one basket. *Social Cognition*, **3**, 94−120.

Linville, P.W. (1987). Self-complexity as a cognitive buffer against stress− related illness and depression. *Journal of Personality and Social psychology*, **52**, 663−76.

Loewenstein, G. and Schkade, D. (1999). Wouldn' t it be nice? Predicting future feeling. In Kahneman, Diener and Schwarz (1999), pp. 85− 108.

Ludwig, A. (1995). *The price of greatness: Resolving the mad genius controversy*. Guilford Press, New York.

Lykken, D. and Tellegen. A. (1996). Happiness is a stochastic phenomenon. *Psychological Science*, **7**, 186−9.

McCardle, K., Luebbers, S., Carter, J.D., Croft, R.J. and Stough, C. (2004). Chronic MDMA (Ecstasy) use: Effects on cognition and mood. *Psychopharmacology*, **173**, 434−9.

McKendree-Smith, N.L., Floyd, M. and Scogin, F.R. (2003). Self-administered treatments for depression: A review. *Journal of Clinical Psychology*, **59**, 275−88.

McManus, et al. (2004). Recent trends in the use of antidepressant drugs in Australia. *Medical Journal of Australia*, **173**, 458−61.

Magnus, K., Diener, E., Fujita, F. and Pavot, W. (1993). Extraversion and neuroticism as predictors of objective life events: A longitudinal analysis. *Journal of Personality and Social Psychology*, **65**, 1046−53.

Marar, Z. (2003). *The happiness paradox*. Reaktion Books, London.

Marmot, M.G. (2003). Understanding social inequalities in health.

Perspectives in Biology and Medicine, **46**, S9—S23.

Marmot, M.G. et al. (1997). Contribution of job control and other risk factors to social variations in coronary heart disease. Lancet, **350**, 235—40.

Mead, M. (1929). Coming of age in samoa. Jonathan Cape, London.

Medvec, V.H., Madey, S.F. and Gilovich, T. (1995). When less is more: Counterfactual thinking and satisfaction among Olympic medalists. Journal of Personality and Social Psychology, **69**, 603—10.

Meyer, J.H. et al. (2003). Dysfunctional attitudes and 5-HT2 receptors during depression and self-harm. American Journal of Psychiatry, **160**, 90—9.

Mill, J.S. (1909). Autobiography. The Harvard Classics, volume 25. Collier and Company, New York.

Miller, G.F, (2000). The mating mind. Heinemann, London.

Miller, R.C. and Berman, J.S. (1983). The efficacy of cognitive behavior therapies: A quantitative review of the research evidence. Psychological Bulletin, **94**, 39—53.

Moffitt, T.E. et al. (1998). Whole blood serotonin relates to violence in an eqidemiological study. Biological Psychiatry, **43**, 446—57.

Monk, R. (1990). Ludwig Wittgenstein: the duty of genius. Jonathan Cape, London.

Munafò, M.R. et al. (2003). Genetic polymorphisms and personality in healthy adults: A systematic review and meta-analysis. Molecular Psychiatry, **8**, 471—84.

Murphy, J.M. (1986). Trends in depression and anxiety: Men and women. Acta Psychiatrica Scandinavica, **73**, 113—27.

Myers, D.G. (2002). The funds, friends and faith of happy people. American Psychologist, **55**, 56—67.

Myers, D.G., and Diener, E. (1996). The pursuit of happiness. Scientific American, May 1996, 54—6.

Nesse, R.M. (1999). The evolution of hope and despair. Social Research, **66**,

429—69.

Nesse, R.M. (2000). Is depression an adaptation? *Archives of General Psychiatry*, **57**, 14—20.

Nesse, R.M. (2001). The smoke detector principle: Natural selection and the regulation of defenses. *Annals of the New York Academy of Sciences*, **935**, 75—85.

Nettle, D. (2001). *Strong imagination: Madness, creativity and human nature*. Oxford University Press, Oxford.

Nettle, D. (2004a). Adaptive illusions: Optimism, control and human rationality. In D. Evans and P. Cruse (eds), *Emotion, evolution and rationality*, pp. 191—206. Oxford University Press, Oxford.

Nettle, D. (2004b). Evolutionary origins of depression: A review and reformulation. *Journal of Affective Disorders*, **81**, 91—102.

Nettle, D. (in press). Personality as life history strategy: An evolutionary approach to the extraversion continuum. *Evolution and Human Behavior*.

Nickerson, C. et al. (2003). Zeroing in on the dark side of the American dream: A closer look at the negative consequences of the goal for financial success. *Psychological Sciences*, **14**, 531—6.

Nolen-Hoeksma, S. and Rusting, C. L. (1999). Gender differences in well—being. In Kahneman, Diener and Schwarz (1999), pp. 330—51.

Norcross, J.C. (2000). Here comes the self-help revolution in mental health. *Psychotherapy*, **37**, 370—7.

Nowakowska, C. et al. (in press). Temperamental commonalities and differences in euthymic mood disorder patients, creative controls, and healthy controls. *Journal of Affective Disorders*.

Nozick, R. (1974). *Anarchy, State and Utopia*. Basic Books, New York.

Parducci, A. (1995). *Happiness, pleasure and judgement: The contextual theory and its applications*. Erlbaum, Hillsdale, N.J.

Peciña, S., and Berridge, K. (1995) Central enhancement of taste pleasure by intra-ventricular morphine. *Neurobiology*, **3**, 269—80.

Pennebaker, J.W. (1997). Writing about emotional experiences as a therapeutic process. *Psychological Sciences*, **8**, 162—6.

Pizzagalli, D.A. et al. (2002). Brain electrical tomography in depression: The importance of symptom severity, anxiety and melancholic features. *Biological Psychiatry*, **52**, 73—85.

Post, F. (1994). Creativity and psychopathology: A study of 291 word-famous men. *British Journal of Psychiatry*, **165**, 22—34.

Powell, L.H., Shahabi, S. and Thoresen, C.E. (2003). Religion and spirituality: Linkages to physical health. *American Psychologist*, **58**, 36—52.

Rainwater, L. (1990). *Poverty and equivalence as social constructions:* Luxembourg Income Study Working Paper 55.

Raleigh, M.J. et al. (1984). Social and environmental influences on blood serotonin concentration in monkeys. *Archives of General Psychiatry*, **41**, 405—10.

Raleigh, M.J. et al. (1991). Serotonergic mechanisms promote dominance acquisition in adult male vervet monkeys. *Brain Research*, **559**, 181—90.

Ramsay, G (1918). *Juvenal and Persius.* Harvard University Press, Cambridge, MA.

Rosenbaum, M. (2002). Ecstasy: America's new 'reefer madness'. *Journal of Psychoactive Drugs*, **34**, 137—42.

Rosenkrantz, M.A. et al. (2003). Affective style and *in vivo* immune response: Neurobehavioral mechanisms. *Proceedings of the National Academy of Sciences of the USA*, **100**, 11148—52.

Ryan, R. and Deci, E. (2001). On happiness and human potential. *Annual Review of Psychology*, **51**, 141—66.

Ryff, C.D. (1989). Happiness is everything, or is it? Explorations on the meaning of psychological well-being. *Journal of Personality and Social Psychology*, **57**, 1069—81.

Ryff, C.D. and Keyes, C.L.M. (1995). The structure of psychological well-being revisited. *Journal of Personality and Social Psychology*, **69**, 719—27.

Keyes, C.L.M., Shmotkin, D. and Ryff, C.D. (2002). Optimizing well-being: The empirical encounter of two traditions. *Journal of Personality and Social Psychology*, **82**, 1007—22.

Sandvik, E., Diener, E. and Seidlitz, L. (1993). Subjective well-being: The convergence and stability of self-report and non-self-report measures. *Journal of Personality*, **61**, 317—42.

Sapolsky, R.M. (1998). *Why zebras don't get ulcers: An updated guide to stress, stress-related disease, and coping*. W.H. Freeman. New York.

Scherer, K.R., Summerfield, A. B. and Wallbott, H.G. (1983). Cross-national research on antecedents and components of emotion: A progress report. *Social Science Information*, **22**, 355—85.

Schopenhauer, A. (1851/1970). *Essays and aphorisms* (R.J. Hollingdale, Trans.) Penguin, London.

Schulz, R. and Dekker, S. (1985). Long-term adjustment to physical disability: The role of social support, perceived control and self-blame. *Journal of Personality and Social Psychology*, **48**, 1162—72.

Schultz, W., Dayan, P. and Montague, P.R. (1997). A neural substrate of prediction and reward. *Science*, **275**, 1593—9.

Schwarz, N. and Clore, G.L. (1983). Mood, misattribution, and judgements of well-being: Informative and directive functions of affective states. *Journal of Personality and Social Psychology*, **45**, 513—23.

Schwarz, N. and Scheuring, B. (1988). Judgements of relationship satisfaction: Inter-and intra-individual comparisons as a function of questionnaire structure. *European Journal of Social Psychology*, **18**, 485—96.

Schwarz, N. and Strack, N. (1999). Reports of subjective well-being: Judgmental processes and their methodological implication. In Kahneman, Diener and Schwarz (1999), pp. 61—84.

Seeman, T.E., Dubin, L. and Seeman, M. (2003). Religiosity/spirituality and health: A critical review of the evidence for biological pathways. *American Psychologist*, **58**, 53—63.

Segal, Z.V., Williams, J.M.G. and Teasdale, J.D. (2001). *Mindfulness-based cognitive therapy for depression: A new approach to preventing relapse*. The Guilford Press, New York.

Seligman, M.E.P. (2002). *Authentic happiness*. The Free Press, New York.

Shizgal, P. (1999). On the neural computation of utility: Implications from studies of Brain Stimulation Reward. In Kahneman, Diener and Schwarz (1999). pp. 500—24.

Smith, A. (1759). *The theory of moral sentiments*. Edinburgh.

Smith, T.W. (1979). Happiness. *Social Psychology Quarterly*, **42**, 18—30.

Solnick, S.J. and Hemenway, D. (1998). Is more always better? A survey on positional concerns. *Journal of Economic Behavior and Organization*, **37**, 373—83.

Strack, F., Schwarz, N., Chassein, B., Kern, D. and Wagner, D. (1990). The salience of comparison standards and the activation of social norms: Consequences for judgements of happiness and their communication. *British Journal of Social Psychology*, **29**, 303—14.

Strack, N., Schwarz, N. and Gschniedinger, E.(1985). Happiness and reminiscing: The role of time perspective, mood and mode of thinking. *Journal of Personality and Social Psychology*, **49**, 1460—9.

Svenson, O. (1981). Are we all less risky and more skilful than our fellow drivers? *Acta Psychologica*, **47**, 143—8.

Taylor, S.E. and Brown, J.D. (1988). Illusion and well-being: A social psychological perspective on mental health. *Psychological Bulletin*, **103**, 193—201.

Tiggemann, M. and Winefield, A.H. (1984). The effects of unemployment on the mood, self-esteem, locus of control and depressive affect of school leavers. *Journal of Occupational Psychology*, **57**, 33—42.

Tse, W.S. and Bond, A.J. (2002). Serotonergic intervention affects both social dominance and affiliative behaviour. *Psychopharmacology*, **161**, 324−30.

Turner, R.W., Ward., M.F. and Turner, D.J. (1979). Behavioral treatment for depression: An evaluation of therapeutic components. *Journal of Clinical Psychology*, **35**, 166−75.

Watson, P.J. and Andrew, P.W. (2002). Towards a revised evolutionary adaptationist analysis of depression: The social navigation hypothesis. *Journal of Affective Disorders*, **72**, 1−14.

Weinstein, N.D. (1980). Unrealistic optimism about future life events. *Journal of Personality and Social Psychology.* **39**, 806−20.

Weinstein, N.D. (1982). Community noise problem: Evidence against adaptation. *Journal of Environmental Psychology*, **2**, 87−97.

Wheeler, R.E., Davidson, R.J. and Tomarken, A.J. (1993). Frontal brain asymmetry and emotional reactivity: A biological substrate of affective style. *Psychophysiology*, **30**, 82−9.

찾아보기